SP
308.8385 MAS

Los mas bellos relatos de a

Las más bellos
relatos de amor

**EDITORIAL OVEJA NEGRA
QUINTERO EDITORES**

1ª edición: noviembre de 2000

© Editorial La Oveja Negra Ltda., 2007
editovejanegra@yahoo.es
Cra. 14 Nº 79 - 17 Bogotá, Colombia

© Quintero Editores Ltda., 2007
quinteroeditores@hotmail.com
Cra. 4A Nº 66 - 84 Bogotá, Colombia

ISBN: **978-958-06-1052-6**

Impreso por: Editorial Buena Semilla

Impreso en Colombia - Printed in Colombia

PRESENTACIÓN

Esta antología de relatos de amor se ha seleccionado con autores destacados de diversos países. Si usted, amable lector, lee el relato *Ligea* del gran escritor italiano Di Lampedusa, nunca podrá jamas olvidarlo, pues a pesar de ser un relato corto, es una obra maestra del cuento universal. La frescura y profundidad de sus personajes, la fantástica y mágica historia, su encantador final, narrado en medio de un alto nivel literario, lo dejarán a usted gratamente sorprendido. Su lectura la agradecerá siempre y la recomendará a las personas cercanas.

Tal como éste son los relatos incluidos en este libro. La finura, según Borges, de Lugones, la maestría de Chéjov y así todos hasta terminar en uno de los libros más antiguos de la literatura universal, como es la historia poco conocida del caballo de ébano, de *Las mil y una noches*.

INDICE

LEOPOLDO LUGONES
Abuela Julieta 11
GIUSEPPE TOMASI DI LAMPEDUSA
Ligea 21
ANTON CHEJOV
La dama del perrito 57
GUY DE MAUPASSANT
Felicidad perdida 83
MANUEL PAYNO
Amor secreto 95
LEOPOLDO ALAS «CLARIN»
La perfecta casada 105
HORACIO QUIROGA
Una estación de amor 113
OSCAR WILDE
El ruiseñor y la rosa 143
ISIDORO FERNÁNDEZ FLOREZ
La escalera 155
MARCEL PREVOST
Nueva primavera 167
GIOVANNI BOCCACCIO
Su corazón en una copa de oro 177
ANÓNIMO
Las mil y una noches 195

 LUGONES (1874 - 1938)

LEOPOLDO LUGONES

Nació en Córdoba, Argentina, en 1874, y se suicidó en una isla del archipiélago del Tigre, cerca de Buenos, Aires en 1938. Fue anarquista y luego fascista en los años 30.

Gran poeta y cuentista, es reconocido por sus libros *Lunario sentimental, Las montañas del oro* y *Crepúsculos del jardín*. Para Jorge Luis Borges, Lugones resume en su obra todo el proceso de la literatura argentina.

 LUGONES (1874- 1938)

ABUELA JULIETA

"Abuela Julieta es uno de los más delicados cuentos de amor".
Jorge Luis Borges

ada vez más hundido en su misantropía, Emilio no conservaba ya más que una amistad: la de su tía la señora Olivia, vieja solterona como él, aunque veinte años mayor. Emilio tenía ya cincuenta años, lo cual quiere decir que la señora Olivia frisaba en los setenta. Ricos ambos, y un poco tímidos, no eran éstas las dos únicas condiciones que los asemejaban. Parecíanse también por sus gustos aristocráticos, por su amor a los libros de buena literatura y de viajes, por su concepto despreciativo del mundo, que era casi egoísta, por su melancolía, mutuamente oculta, sin que se supiese bien la razón, en la trivialidad chispeante de las conversaciones. Los martes y los jueves eran días de ajedrez en casa de la señora Olivia, y Emilio concurría asiduamente, desde hacía diez años, a esa tertulia familiar que nunca tuvo partícipes ni variantes. No era extraño que el sobrino comiese con la tía los domingos; y por ésta y las anteriores causas desarrollóse entre ellos una dulce amistad, ligeramente velada de irónica tristeza, que no excluía el respeto un tanto ceremonioso en él, ni la afabilidad un poco regañona en ella. Ambos hacían sin esfuerzo su papel de parientes en el grado y con los modos que a cada cual correspondían. Aunque habíanse referido todo cuanto les era de mutuo interés, conservaban, como gentes bien educadas, el secreto de su tristeza. Por lo demás, ya se sabe que todos los solterones son un poco tristes; y

esto era lo que se decían también para sus adentros Emilio y la señora Olivia, cuando pensaban con el interés que se presume, ella en la misantropía de él, él en la melancolía de ella. Los matrimonios de almas, mucho más frecuentes de lo que se cree, no están consumados mientras el secreto de amargura que hay en cada uno de los consortes espirituales, y que es como quien dice el pudor de la tristeza, no se rinde al encanto confidencial de las intimidades. La señora Olivia y su sobrino encontrábanse en un caso análogo. Si aquella tristeza que se conocían, pero cuyo verdadero fundamento ignoraban, hubiéraseles revelado, habrían comprobado con asombro que ya no tenían nada que decirse. Reservábanla, sin embargo, por ese egoísmo de la amargura que es el rasgo característico de los superiores, y también porque les proporcionaba cierta inquietud, preciosa ante la perfecta amenaza de hastío que estaba en el fondo de sus días solitarios. Un poco de misterio impide la confianza, escollo brutal de las relaciones en que no hay amor. Así, por más que se tratara de dos viejos, la señora Olivia era siempre tía, y Emilio se conservaba perpetuamente sobrino.

Cuarenta años atrás —recordaba la señora Olivia— aquel muchacho sombríamente precoz, cuyo desbocado talento, unido a sordas melancolías, hizo temer más de una vez por su existencia; aquel hombrecito, huraño ya como ahora, era su amigo. No tenía esos risueños abandonos de los niños en las rodillas del ser predilecto; pero miraba con unos ojos tan tristes, su frente era tan alta y despejada, que lo quería y estimaba al mismo tiempo. No se dio cuenta de los veinte años que le llevaba; considerólo su amigo, empezando a comprender aquella diferencia sólo cuando lo vio regresar de Alemania, terminada ya su carrera, hecho todo un señor ingeniero, que vino a saludarla, muy respetuoso, muy amable, pero demasiado sobrino para que ella no asumiera inmediatamente sus deberes de tía. Las relaciones estrecháronse después, pero ya de otro modo. Ella, en su independencia orgullosa de solterona rica, acogió amablemente al joven cuya misantropía le pareció interesante; y cuando tres años después éste se quedó huérfano, encontró en la casa de la vieja dama, a pesar de las etiquetas y los cumplimientos, el calor de hogar, no muy vivo, que le faltaba.

Por un acuerdo inconfeso aunque no menos evidente, fueron cambiando con los años sus pasatiempos. Después de las conversaciones, la música; después de la música, el ajedrez. Y de tal modo estaban compenetrados sus pensamientos y sus gustos, que cuando una noche de sus cuarenta años, Emilio encontró en el saloncito íntimo el tablero del juego junto al cerrado piano sin notar al parecer aquella clausura del instrumento que indicaba el fin de toda una época, hizo sus reverencias de costumbre y jugó durante dos horas como si no hubiera hecho otra cosa toda la vida. Ni siquiera preguntó a la señora Olivia cómo sabía que a él le gustaba el ajedrez. Verdad es que ella habríase encontrado llena de perplejidad ante esa pregunta.

La diferencia de edades había concluido por desaparecer para aquellos dos seres. Ambos tenían blancas las cabezas, y esto les bastaba. Tal vez la misma diferencia de los sexos ya no existía en ellos sino como una razón de cortesía. La señora Olivia conservábase fresca, pues estaba cubierta por una doble nieve: la virginidad y la vejez. Aun sonreía muy bien; y para colmo de gracia, apostataba de los anteojos. Su palabra era fluida y su cuerpo delgado. La vida no la aplastaba con su peso de años redondamente vividos; al contrario la abandonaba, y esto volvíala translúcida y ligera. No podía decirse en realidad que fuese vieja; apenas advertíanse sus canas.

Emilio sí estaba viejo; mas no parecía un abuelo. Carecía de esa plácida majestad de los ancianos satisfactoriamente reproducidos. Era un viejo caballero que podía ser novio aún. Sus cabellos blancos, su barba blanca, su talante un poco estirado mas lleno de varonil elegancia, sus trajes irreprochables, sus guantes, constituían un ideal de corrección. Llevando un niño de la mano, hubiéranlo tomado por un fresco viudo; pretendiendo una señorita de veinticinco años habrían tenido que alabar su amable cordura.

Su tía y él eran dos mármoles perfectamente aseados. Por dentro eran dos ingenuidades que disimulaban con bien llevada altivez candores tardíos. La delicadeza de la anciana encubría un estupor infantil; la frialdad del sobrino velaba una desconfianza de adolescente.

Además hablaban en términos literarios, hacían frases como las personas ilustradas y cortas de genio que no han gozado las intimidades del amor, ese gran valorizador de simplicidades. También eran románticos.

Precisamente, hacía tres meses que Emilio regaló a su tía un ruiseñor importado a mucho costo de Praga, por los cuidados del famoso pajarero Gotlieb Waneck, y en una legítima jaula de Guido Findeis, de Viena. Dos noches antes, el pájaro cantó, y ésta fue la noticia con que la señora Olivia había sorprendido a su sobrino un martes por la noche mientras ocupaban sus casillas las piezas del ajedrez. Emilio, galante como siempre, traía para el pájaro un alimento especial: la composición de M. Duquesne, de L'Eure; pues, en punto a crianza, prefería los métodos franceses.

Aquel ruiseñor fue un tema de que se asieron ansiosamente, cansados ya por un año de plática sin asunto. Y del ruiseñor... ¡ah Shakespeare!

—En Verona —decía la señora Olivia— aprendí, precisamente, a preferir la alondra; como que, al fin mujer, había de quedarme con la centinela de Romeo. Profésanle allí una predilección singular llamándola, familiarmente, *la Cappellata*.

—Pero este ruiseñor —afirmó Emilio— no es de los veroneses. Es la clásica *Filomela*, o ruiseñor alemán, el único pájaro que *compone,* variando incesantemente *su* canto; mientras aquellos recitan estrofas hechas. Un verdadero compatriota de Beethoven.

¿Cuánto tiempo hablaron?... La luna primaveral que había estado mirándolos desde el patio, veíalos ahora desde la calle. Y Emilio contaba una cosa triste y suave como las flores secas de un pasado galardón. ¿Recordaba ella cuando la tifoidea lo postró en cama, siendo muy niño aún, de doce años, creía? Ella fue su enfermera —¡se desveló tanto por él!... Miraba todavía sus ojeras, sus cabellos desgarbados por el insomnio en ondas flavas de fragante opulencia. Él sabía por los dichos de los otros, de los grandes, que era bella, aunque no se daba bien cuenta de lo que venía a ser una mujer hermosa. Pero la quería mucho, eso sí, como una hermana que fuese al mismo tiempo una princesa. Su andar armonioso, su cintura, llenábanlo ante ella de turbado respeto. Poníase orgulloso de acompañarla; y por esto, siempre que iba a su lado, estaba tan serio. Durante sus delirios febriles, fue la única persona que no viera deformada en contorsiones espeluznantes; y cuando vino la convalecencia, una siesta —llevaba ella un vestido a cuadritos blancos y negros— el niño, repentinamente virilizado por la enfermedad, comprendió que el amor de su tía le ocupaba el corazón con la obscura angustia de un miedo. Fue una religión lo que sintió entonces por ella durante dos años de silencio, siempre contenidos por su pantalón corto y su boina de alumno, ridículos para el amor...

Después, el colegio, los viajes, el regreso —¡y siempre esa extraña pasión poseyéndole el alma! Se hizo misántropo... ¡y cómo no! Esterilizó su vida, gastó el perfume de ese amor de niño concentrado por la edad inútilmente, como un grano de incienso quemado al azar en el brasero de una chalequera dormida... Mas ¿para qué le estaba él diciendo todo eso?...

El silencio del saloncito se volvió angustioso. Con la mano apoyada en la mejilla, la tía y el sobrino, separados apenas por el tablero donde las piezas inmóviles eternizaban abortados problemas, parecían dormir. Allá en el alma del hombre en una obscuridad espantosamente uniforme, derrumbábanse grandes montañas de hielo. Y la señora Olivia meditaba también. Sí, fue tal como él lo decía. Ella estaba en la trágica crisis mental de los veintinueve años. Aquel chiquillo la interesaba; pero ella descubrió primero que ese interés era un amor descabellado, imposible, una tentación quizá. Una noche deliraba mucho el pobrecito; los médicos presagiaban cosas siniestras con sus caras graves. Llorábase en la casa, sin ocultarlo ya. Entonces sus desvelos de tía, sus sobresaltos de vulgar ternura, reventaron en pedazos su desabrida corteza. Loca, sin saber lo que hacía corrió a la pieza contigua, y allá, desarraigándosele el corazón en sollozos se comió a besos locamente el retrato del enfermo. Fue un relámpago, pero de aquel deslurnbramiento no volvió jamás. ¡Y hacía cuarenta años de eso, Dios mío! Cuarenta años de amarlo en secreto consagrándole su virginidad, como él le había consagrado también su alma. ¡Qué delicada altivez surgía de ese doble sacrificio, y qué dicha no haberse muerto desconociéndolo!

Poco a poco, un nebuloso desvarío ganó la conciencia de la anciana. Los años, las canas, el influjo de las conveniencias fueron desvaneciéndose. Ya no había sino dos almas, resumiendo en una sola actualidad de amor, el ayer y el mañana. Y la niña intacta bajo la dulce nieve de su vejez incompleta, se desahogó en un balbuceo:

—Emilio... yo también...

Él tuvo un estremecimiento casi imperceptible, que hizo palpitar sin abrirlos, sus párpados entornados. Allá dentro, en la negrura remota, las montañas de hielo continuaban derrumbándose. Y pasó otra hora de silencio. *Emilio... Olivia...* suspiraban los rumores indecisos de la noche. La luna iluminaba aquella migaja de tragedia en la impasibilidad de los astros eternos.

Inmediato a ellos, sobre el piano, un viejo Shakespeare perpetuaba en menudas letras las palabras celestes del drama inmortal. En la blancura luminosa de la noche, muy lejos, muy lejos, diseñábanse inalcanzables Veronas. Y como para completar la ilusión dolorosa que envolvía las dos viejas almas en un recuerdo de amores irremediablemente perdidos, el ruiseñor, de pronto, se puso a cantar.

Espectral como un resucitado, Emilio abandonó bruscamente su silla. Y ya de pie, estremecidos por algo que era una especie de inefable horror, la señora Olivia y él se contemplaron. Debía de ser muy tarde, y tal vez no fuese correcto permanecer más tiempo juntos...

Era la primera vez que se les antojaba aquello. No advertían, siquiera, que fuese ridículo, pues dominábalos la emoción de su paraíso comprendido. Mas la luna, propicia por lo común a los hechizos, rompió esta vez el encanto. Uno de sus rayos dio sobre la cabeza de la anciana, y en los labios del hombre sonrió, entonces, la muerte. ¡Blancos! ¡Sí, estaban blancos, como los suyos, esos cabellos cuya opulencia fragante recordaba aún a través de tanto tiempo! Era Shakespeare el que tenía la culpa. ¡Quién lo creyera! ¡Tomar a lo serio un amor que representaba el formidable total de ciento veinte años!

El ruiseñor cantaba... Cantaba, sin duda, los lloros cristalinos de su ausencia, las endechas armoniosas de su viudez.

Una viva trisadura de cristal mordía lentamente los dos viejos corazones. De pie, frente a frente, no sabían qué decirse ni cómo escapar al prestigio que los embargaba. Y fue ella la que tuvo valor por fin, la que asumió heróicamente esa situación de tragedia absurda (porque, después de todo, no sabía que la luna le estaba dando en la cabeza). Como Emilio hiciera un movimiento para retirarse:

—Quédate; ya tienen bastante con los cuarenta años de vida que les hemos dado.

Es probable que el destino estuviera incluido en ese plural.

Bajo el bigote de Emilio se estiró una sonrisa escuálida como un cadáver. El lenguaje literario se le vino a la boca, y con una melancólica ironía que aceptaba todos los fracasos del destino, hizo una paráfrasis de Shakespeare:

—No, mi pobre tía, el rocío nocturno hace daño a los viejos. El ruiseñor ha cantado ya y el ruiseñor es la alondra de la media noche...

 LAMPEDUSA (1896- 1957)

GIUSEPPE TOMASI DI LAMPEDUSA

Nació en Palermo el 23 de diciembre de 1896 en el seno de una de las familias de la vieja nobleza isleña. Participó en la I Guerra Mundial, fue hecho prisionero, y tras evadirse atravesó Europa a pie hasta llegar a Italia. Terminada la guerra, permanece en el ejército como oficial hasta 1920.

En un viaje a Londres, conoce a la baronesa letona Alessandra Wolff-Stomersee, eminente psicoanalista, con la que se casaría. En 1943, durante la II Guerra Mundial, en la que participó como capitán de artillería, el palacio de los Lampedusa fue destruido en un bombardeo. Más tarde adquirió un viejo palacio en Palermo donde pasaría el resto de sus días, apartado de los círculos literarios y de la vida mundana y entregado al estudio.

Durante veinticinco años acarició la idea de escribir una novela histórica sobre el desembarco de Garibaldi en Marsala (Sicilia). Ésta, que aparecería póstumamente en 1958, tras ser rechazada por sus primeros editores, constituyó un acontecimiento literario internacional. Tomasi Di Lampedusa murió el 23 de julio de 1957 en una clínica romana.

 LAMPEDUSA (1896- 1957)

LIGEA

A Jime

finales del otoño de 1938, me encontraba en plena crisis de misantropía. Vivía en Turín, y la *tota*[1] número 1, hurgando en mis bolsillos en busca de algún billete de cincuenta liras, había descubierto también, mientras yo dormía, una cartita de la *tota* número 2, que, aun a través de sus faltas de ortografía, no dejaba dudas acerca del carácter de nuestras relaciones.

Mi despertar fue inmediato y borrascoso. El pisito de la calle Peyron resonó de improperios vernáculos. Incluso hubo un intento de sacarme los ojos, que únicamente pude frustrar retorciendo un poco la muñeca izquierda de la querida muchacha. Esta acción defensiva plenamente justificada puso fin al altercado, pero también al idilio. La chica se vistió a toda prisa, metió en el bolso la polvera, la barra de labios, el pañuelo, el billete de cincuenta "causa de tantos males", me escupió a la cara un triple *pourcoun!*[2] y se largó. Nunca había estado tan bonita como en aquel cuarto de hora de furia. Desde la ventana, la vi salir y alejarse en la neblina de la mañana, alta, esbelta, embellecida por una reconquistada elegancia.

---

[1] Señorita. Voz piamontesa. (N. del T.)
[2] Puerco.

Nunca más he vuelto a verla, como no he vuelto a ver un *pullover* de cachemir negro que me había costado un ojo de la cara y que tenía el funesto mérito de una forma que tanto servía para hombres como para mujeres. Sólo dejó encima de la cama dos horquillitas retorcidas, de las llamadas "invisibles".

Aquella misma tarde, tenía yo una cita con la número 2 en una confitería de la plaza Carlo Felice. Junto a la mesita redonda del rincón oeste de la segunda sala, que era la «nuestra», no vi los cabellos castaños de la muchacha, más deseada que nunca, sino la cara picaresca de Tonino, un hermanito suyo de doce años, que acababa de engullir un chocolate con doble ración de nata. Cuando me acerqué, se levantó, con la habitual urbanidad turinesa.

—*Monsú*[3] —me dijo—, la Pinotta no vendrá. Me ha dicho que le dé esta tarjeta. Adiós, *monsú*.

Y salió llevándose dos *brioches* que aún quedaban en el plato. Con la tarjetita color marfil se me notificaba un despido absoluto, motivado por mi infamia y por mi "deshonestidad meridional". Estaba claro que la número 1 había ido en busca de la número 2, la había encizañado y yo me había quedado sin plumas y cacareando.

En doce horas había perdido a dos chicas útilmente complementarias entre sí, un *pullover* que me gustaba, y había tenido que pagar, además, la consumición del demonio de Tonino. Mi sicilianísimo amor propio estaba humillado. Me habían tomado el pelo, y decidí abandonar por algún tiempo el mundo y sus vanidades.

---
[3] Señor. (N. del T.)

Para aquel periodo de retiro no podía encontrarse lugar más apropiado que el café de la calle del Po adonde ahora iba, solo como un perro, en todos los momentos libres, y por la noche siempre después de mi trabajo en el periódico. Era una especie de Hades poblado por sombras exangües de tenientes coroneles, magistrados y profesores jubilados. Aquellas vanas apariencias jugaban a las damas o al dominó, envueltas en una luz oscurecida durante el día por los pórticos y por las nubes, y, de noche, por las enormes pantallas verdes de las lámparas. Y no levantaban nunca la voz, por miedo a que un sonido demasiado fuerte viniera a descomponer la débil trama de sus apariencias. Un verdadero limbo.

Como animal rutinario que soy, me sentaba siempre a la misma mesita del rincón, diseñada cuidadosamente para ofrecer al cliente la máxima incomodidad posible. A mi izquierda, dos espectros de oficiales superiores jugaban al "tric-trac" con dos larvas de consejeros del tribunal de apelación: los dados militares y judiciales salían del vaso de cuero, deslizándose silentes. A mi derecha, se sentaba siempre un señor de edad muy avanzada, arrebujado en un abrigo viejo con cuello de astracán raído. Leía incesantemente revistas extranjeras, fumaba cigarrillos toscanos y escupía mucho; de cuando en cuando cerraba las revistas, y parecía perseguir algún recuerdo en las volutas de humo. Después, reanudaba la lectura y volvía a escupir. Tenía unas manos muy feas, nudosas, rojizas, con las uñas cortadas rectas y no siempre limpias. Pero, una vez que en una de sus revistas tropezó con la fotografía de una estatua griega arcaica, de esas que tienen los ojos apartados de la nariz y una sonrisa ambigua, me sorprendí al ver que las yemas deformes de sus dedos acariciaban aquella imagen con una delicadeza verdaderamente regia. Se dio cuenta de que le había visto, gruñó irritado y pidió otro café.

Nuestras relaciones habrían quedado en aquel plano de hostilidad latente de no haber surgido un incidente afortunado. Yo llevaba de la redacción cinco o seis periódicos, y entre ellos, una vez, el *Giornale di*

Sicilia. Eran los años en que más se ensañaba la censura, y todos los periódicos eran iguales. Aquel número del diario palermitano era más anodino que nunca, y no se distinguía de un diario de Milán o de Roma más que por la imperfección tipográfica. Lo leí, pues, en seguida, e inmediatamente dejé el periódico sobre la mesita. Y apenas había iniciado el examen de otra encarnación de la censura, cuando mi vecino me dirigió la palabra:

—Perdóneme, señor. ¿Le molestaría que hojease su *Giornale di Sicilia?* Soy siciliano, y hace veinte años que no veo un periódico de allá.

La voz era muy cultivada, el acento impecable. Los ojos grises del viejo me miraban con profundo desapego.

—Por favor, claro que sí. Yo también soy siciliano, ¿sabe? Si quiere, me es fácil traerle el diario todas las noches.

—Gracias. No creo que sea necesario. Se trata sólo de una curiosidad física. Si Sicilia está todavía como en mis tiempos, imagino que allí no sucede nunca nada bueno, como desde hace tres mil años.

Echó un vistazo al periódico, lo dobló, me lo devolvió y se enfrascó en la lectura de un librito. Cuando se marchó, quería evidentemente escabullirse sin saludar, pero yo me levanté y me presenté. Murmuró entre dientes su nombre, que no comprendí, pero no me tendió la mano. Sin embargo, ya en el umbral del café, se volvió, se quitó el sombrero y gritó:

—¡Adiós, paisano!

Desapareció bajo los pórticos, dejándome asombrado y provocando gruñidos de desaprobación entre las sombras que jugaban.

Cumplí los ritos mágicos adecuados para conseguir que se materializase un camarero, y le pregunté señalando la mesa vacía:

—¿Quién era ese señor?

—Es el senador Rosario La Ciura —respondió.

El nombre decía mucho, incluso a mi deficiente cultura periodística: era el de uno de los cinco o seis italianos que poseen una reputación universal e indiscutida, el del más ilustre helenista de nuestros tiempos. Me expliqué las voluminosas revistas y la lámina acariciada, e incluso la hosquedad, y también el velado refinamiento.

Al día siguiente, en el periódico, hurgué en el extraño fichero que guarda las necrologías todavía «en espera». La ficha «La Ciura» estaba allí, con una redacción excepcionalmente pasable. Decía que el gran hombre había nacido en Aci-Castello (Catania), en una familia pobre de la pequeña burguesía, que, gracias a una asombrosa aptitud para el estudio del griego y a fuerza de becas y publicaciones eruditas, había obtenido, a los veintisiete años, la cátedra de literatura griega de la Universidad de Pavía; que después había sido llamado a la de Turín, donde había permanecido hasta el momento de la jubilación; había dado cursos en Oxford y en Tubinga, y realizado muchos viajes, incluso largos, porque además de senador pre-fascista y académico de los Lincei era también doctor *honoris causa* por Yale, Harvard, Nueva Delhi y Tokio, así como por las más ilustres universidades europeas, naturalmente, desde Upsala hasta Salamanca. La relación de sus publicaciones era larguísima, y muchas de sus obras, especialmente acerca de los dialectos jónicos, estaban consideradas como fundamentales: baste decir que había recibido el encargo —caso único entre extranjeros— de cuidar la edición teubneriana de Hesiodo, para la que escribió una introducción latina de incomparable profundidad científica. Por último —gloria máxima—, no era miembro de la Academia de Italia. Lo que siempre le había distinguido de los otros también eruditísimos colegas era el sentido vivo, casi carnal, de la antigüedad clásica, y esto se había manifestado en una colección de ensayos italianos, *Hombres y dioses,* obra considerada no sólo de alta erudición, sino de viva poesía. En resumen, era "el honor de una nación y un faro de todas las culturas": así concluía el autor de la ficha. Tenía setenta y cinco años, y vivía lejos de la opulencia, pero decorosamente, con su pensión y con la paga de ex senador. Era soltero.

Es inútil negarlo: nosotros, los italianos, hijos (o padres) de primeras nupcias del Renacimiento, consideramos al Gran Humanista superior a cualquier otro ser humano. La posibilidad de encontrarme ahora en la cotidiana proximidad del más alto representante de esta sabiduría delicada, casi necromántica y poco rentable, me halagaba y me turbaba. Experimentaba las mismas sensaciones de un joven norteamericano presentado al señor Gillette: temor, respeto y una forma especial de no innoble envidia.

Por la noche, descendí al Limbo con un espíritu muy distinto al de los días precedentes. El senador estaba ya en su sitio y respondió a mi saludo reverencial con un refunfuño apenas perceptible. Pero cuando terminó de leer un artículo y de completar unos apuntes en su agendita, se volvió hacia mí, y, con una voz extrañamente musical, me dijo:

—Paisano, por la forma en que me has saludado, me he dado cuenta de que alguna de estas larvas te ha dicho quién soy. Olvídalo, y olvida también, si no lo has hecho ya, los aoristos que estudiaste en el instituto. Es mejor que me digas cómo te llamas, porque anoche hiciste la típica presentación farfullada y yo no tengo, como tú, el recurso de preguntar tu nombre a otros, porque aquí, desde luego, nadie te conoce.

Hablaba con insolente distanciamiento. Se veía que yo era para él mucho menos que un escarabajo, una especie de partícula de polvillo, de esas que se mueven sin sentido en los rayos del sol. Pero la voz sosegada, la palabra precisa, el "tú", daban la sensación de serenidad de un diálogo platónico.

—Me llamo Paolo Corbera, y nací en Palermo, donde me licencié en leyes. Ahora trabajo aquí, en la redacción de la *Stampa*. Para su tranquilidad, senador, debo añadir que en el instituto sólo tuve un "cinco más" en griego, y no me faltan razones para pensar que el "más" me lo agregaron precisamente para poder darme el diploma.

Sonrió a medias.

—Gracias por habérmelo dicho. Es mejor así. Detesto hablar con gente que cree saber, cuando en realidad ignora, como mis colegas de la Universidad. En el fondo, no conocen más que las formas exteriores del griego, sus extravagancias y sus deformidades. El espíritu vivo de esta lengua, estúpidamente llamada "muerta", no les ha sido revelado. Por otra parte, no les ha sido revelado nada. Además, pobre gente, ¿cómo podrán descubrir este espíritu, si nunca han tenido ocasión de sentirlo, de sentir el griego?

El orgullo, sí, está bien, es preferible a la falsa modestia, pero a mí me parecía que el senador exageraba. Pensé, incluso, que los años habían llegado a reblandecer un poco aquel cerebro excepcional. Los pobres diablos de sus colegas habían tenido exactamente las mismas ocasiones que él de oír el griego antiguo, o sea, ninguna.

Y él continuaba:

—Paolo... Eres un hombre afortunado, te llamas como el único apóstol que tuvo un poco de cultura y un cierto barniz de buenas letras. Aunque Girolamo habría sido mejor. Los demás nombres con que andáis por ahí los cristianos son, en realidad, sumamente viles. Nombres de esclavos.

Seguía decepcionándome. Verdaderamente, parecía el típico comecuras universitario, con una pizca de nietzscheanismo fascista además. ¿Sería posible?

Continuaba hablando con la cautivadora modulación de su voz y con el ardor de quien tal vez ha estado callado mucho tiempo.

—Corbera... ¿Me equivoco o es éste un gran apellido siciliano? Recuerdo que mi padre pagaba por nuestra casa de Aci-Castello una pequeña renta anual a la administración de una casa Corbera de Palina o de Salina, ya no recuerdo bien. Y siempre estaba bromeando y diciendo que si en el mundo había una cosa segura, era que aquellas pocas liras no acabarían en los bolsillos del "dominio directo", como él decía. Pero ¿tú eres uno de aquellos Corbera, o no eres más que el descendiente de algún campesino que tomó el apellido del señor?

Confesé que era, precisamente, un Corbera di Salina, es más, el único ejemplar superviviente de aquella familia: todos los fastos, todos los pecados, todas las rentas no cobradas, todos los pesos no pagados, todas las *gatoparderías,* en fin, se habían concentrado en mi solo. Paradójicamente, el senador pareció contento.

—Bueno, bueno. Yo tengo en mucha consideración a las viejas familias. Poseen una memoria, minúscula ciertamente, pero, en todo caso, mayor que las otras. Es lo más que podéis conseguir en cuanto a inmortalidad física. Piensa en casarte pronto, Corbera, porque vosotros no habéis encontrado nada mejor, para sobrevivir, que el diseminar vuestra simiente en los sitios más extraños.

Decididamente, acababa con mi paciencia. "Vosotros, vosotros". ¿Vosotros, quiénes? ¿Todo el vil rebaño que no tenía la fortuna de ser el senador La Ciura? ¿Y él la conseguía, la inmortalidad física? No podría decirse, a juzgar por su cara rugosa, por su cuerpo pesado...

—Corbera di Salina —continuaba, impertérrito—. ¿No te ofenderás si sigo tuteándote como a uno de mis estudiantillos, que, por un instante, son jóvenes?

Me declaré no sólo honrado, sino contento, como lo estaba, efectivamente. Ahora, superadas las cuestiones de apellidos y de protocolo, se habló de Sicilia. Hacía veinte años que él no ponía allí los pies, y la última vez que había estado allá abajo (así lo decía, a la manera piamontesa), sólo se había quedado cinco días, en Siracusa, para discutir con Paolo Orsi algunas cuestiones acerca de la alternancia de los semicoros en las representaciones clásicas.

—Recuerdo que quisieron llevarme en coche desde Catania a Siracusa. Sólo acepté cuando advertí que en Augusta la carretera pasa lejos del mar, mientras que el tren va por el litoral. Háblame de nuestra isla. Es una tierra hermosa, pero está poblada de asnos. Los dioses habitaron en ella, y es posible que en los agostos inagotables la habiten todavía. Pero no me hables de esos cuatro templos recentísimos que tenéis, porque no comprendes nada de ellos, estoy seguro.

Así, hablamos de la Sicilia eterna, de las cosas de la naturaleza, del perfume de romero en los Nébrodi, del gusto de la miel de Melilli, del ondear de las mieses en un día ventoso de mayo, tal como se ve desde Enna, de las soledades alrededor de Siracusa, de las ráfagas de perfume vertidas sobre Palermo, según dicen, por los agrios en algunos atardeceres de junio. Hablamos del encanto de ciertas noches de verano, a la vista del golfo de Castellammare, cuando las estrellas espejean en el mar dormido y el espíritu del que se ha echado boca arriba entre los lentiscos se pierde en el vórtice del cielo, mientras el cuerpo, tenso y alerta, teme el acercamiento de los demonios.

Tras una ausencia casi total de cincuenta años, el senador conservaba un recuerdo singularmente preciso de algunos hechos menudos.

—El mar, el mar de Sicilia es el de más colorido, el más romántico de todos los que he visto. Será lo único que no conseguiréis echar a perder, fuera de las ciudades, se entiende. En los figones de la ribera, ¿se sirven todavía los erizos partidos por la mitad?

Le dije que sí, aunque añadiendo que pocos los comen ahora por miedo al tifus.

—Sin embargo, son lo más hermoso que tenéis allá abajo: aquellos cartílagos sanguíneos, aquellos simulacros de órganos femeninos, perfumados de sal y de algas. ¡Qué tifus ni qué narices! Serán peligrosos como todos los dones del mar, que da la muerte junto con la inmortalidad. En Siracusa se los pedí encarecidamente a Orsi. ¡Qué sabor, qué aspecto divino tenían! ¡El más bello recuerdo de mis últimos cincuenta años!

Yo estaba confuso y fascinado: ¡que un hombre como aquél se entregase a metáforas casi obscenas, que manifestase una glotonería infantil por las delicias de los erizos de mar, mediocres, después de todo!

Hablamos aún largamente, y al marcharse se empeñó en pagarme el café, no sin mostrar su singular rudeza ("ya se sabe, estos muchachos de buena familia nunca tienen un céntimo en el bolsillo"), y nos separamos como amigos, si no se piensa en los cincuenta años que separaban nuestras edades y en los miles de años luz que separaban nuestras culturas.

Seguimos viéndonos todas las noches, y, aunque el humo de mi furor contra la humanidad comenzaba a disiparse, me imponía el deber de no dejar nunca de reunirme con el senador en los Infiernos de la calle del Po. No era que charlásemos mucho: él seguía leyendo y tomando notas, y me dirigía la palabra sólo de vez en cuando, pero, siempre que hablaba, era un armonioso fluir de orgullo y de insolencia, mezclado con alusiones disparatadas, con vetas de incomprensible poesía. También seguía escupiendo, y acabé dándome cuenta de que lo hacía sólo mientras leía. Creo que también él me había cobrado cierto afecto, pero no me hago ilusiones: si había tal afecto, no era el que uno de «nosotros» (para emplear la terminología del senador) puede sentir por un ser humano; se parecía más bien al que una vieja solterona puede tener por su canario, del cual conoce la fatuidad y la falta de entendimiento, pero cuya existencia le permite expresar en voz alta añoranzas en las que el animalito no cuenta para nada; sólo que si él no estuviese allí, a ella la invadiría la desazón. Empecé a notar, efectivamente, que cuando yo tardaba los ojos altivos del viejo estaban clavados en la puerta de entrada.

Hubo de transcurrir cerca de un mes para que de las consideraciones, originalísimas siempre, pero generalizadoras por parte de él, pasásemos a los temas indiscretos, que son, en fin de cuentas, los únicos que distinguen las conversaciones entre amigos de las que se mantienen entre simples conocidos. Fui yo quien tomó la iniciativa. Su costumbre de escupir tan frecuentemente me molestaba (había molestado también a los guardianes del Hades, que acabaron poniendo junto a su sitio una escupidera de bruñido latón), de modo que una noche me atrevía preguntarle por qué no trataba de curarse aquel catarro tan pertinaz. Hice la pregunta sin reflexionar, e inmediatamente me arrepentí de haberme aventurado, convencido de que la ira senatorial haría caer sobre mi cabeza los estucos del techo. Por el contrario, la voz bien timbrada me respondió, serena:

—Pero, querido Corbera, yo no tengo ningún catarro. Tú, que observas con tanto cuidado, tendrías que haberte dado cuenta de que nunca toso antes de escupir. Mi escupido no es señal de enfermedad, sino de salud mental. Escupo por repugnancia hacia las tonterías que voy leyendo. Si quieres tomarte el trabajo de examinar ese trasto (y señalaba la escupidera), comprobarás que contiene muy poca saliva y ninguna traza de flema. Mis escupidos son simbólicos y altamente culturales. Si no te gustan, vuélvete a tus saloncitos nativos donde nadie escupe, sólo porque nunca se quiere sentir náuseas de nada.

La extraordinaria insolencia se atenuaba solamente gracias a la mirada lejana, pero aun así, sentí deseos de levantarme y dejarlo plantado. Por fortuna, tuve tiempo para reflexionar que la culpa era de mi imprudencia. Me quedé, y el impasible senador pasó inmediatamente al contraataque.

—Y tú, ¿por qué frecuentas este Erebo lleno de sombras y, como tú mismo dices, de catarros, este lugar geométrico de vidas fracasadas? En Turín no faltan esas criaturas que a vosotros os parecen tan deseables. Una vuelta por el hotel del Castello, por Rívoli o por Moncalieri, en el balneario, y vuestros sucios esparcimientos se harán realidad inmediatamente.

Me eché a reír al escuchar de una boca tan sabia informaciones tan exactas acerca de los lugares de placer turineses.

—Pero ¿cómo hace usted para conocer esas direcciones, senador?

—Las conozco, Corbera, las conozco. Frecuentando los Senados académicos y políticos se aprende eso, y sólo eso. Pero me harás el favor de creer que vuestros sórdidos placeres nunca han interesado a Rosario La Ciura.

Se veía que era cierto. En la actitud, en las palabras del senador se percibía el signo inequívoco (como se decía en 1938) de un recato sexual que nada tenía que ver con la edad.

—La verdad, senador, es que yo he comenzado a venir aquí, precisamente, como a un asilo temporal, lejos del mundo. He tenido problemas con dos de esas muchachas que usted censura tan justamente.

La réplica fue fulminante y despiadada:

—Cuernos, ¿eh, Corbera? ¿O acaso enfermedades?

—Ninguna de las dos cosas. Peor aún: abandono.

Y le conté los ridículos sucesos de dos meses antes. Se los conté como bromeando, porque la herida de mi amor propio ya estaba cicatrizada. Cualquier persona que no hubiera sido aquel helenista del demonio me habría tomado el pelo, o, como cosa excepcional, me habría compadecido. Pero el temible viejo no hizo ni lo uno ni lo otro: se indignó.

—Eso es lo que pasa, Corbera, cuando se hace el amor entre seres enfermos y deslucidos. Y lo mismo diría de ti a las dos furcias, si tuviera la desgracia de tropezármelas.

—¿Enfermas, senador? Estaban imponentes las dos. Había que verlas comer cuando almorzábamos en los Specchi. Y de deslucidas, nada. Eran unas chicas magníficas, y elegantes incluso.

El senador lanzó uno de sus desdeñosos escupitajos:

—¡Enfermas! ¡He dicho bien: enfermas! Dentro de cincuenta, de sesenta años, quizá mucho antes, reventarán. De modo que están enfermas ya desde ahora. Y deslucidas también. Bonita elegancia la suya, hecha de baratijas, de *pullovers* robados y de melindres aprendidos en el cine. Bonita generosidad la de andar a la pesca de unos billetejos de banco grasientos en los bolsillos de su amante, en lugar de regalarle a él, como hacen otras, perlas rosadas y ramos de coral. Eso es lo que pasa cuando se junta uno con esos mamarrachitos pintarrajeados. ¿Y no sentíais asco, ellas y tú, y tú y ellas, al besuquear vuestros futuros esqueletos entre sábanas malolientes?

Estúpidamente, respondí:

—¡Pero las sábanas estaban siempre limpísimas, senador!

Se enfureció:

—¿Y qué importan las sábanas? El inevitable hedor a cadáver era el vuestro. Y lo repito: ¿cómo pueden organizar juergas gentes de su ralea y de la tuya?

Yo, que ya había echado el ojo a una deliciosa *cousette* de Ventura, me ofendí:

—¡Pero no puede uno acostarse solamente con Altezas Serenísimas!

—¿Quién te habla de Altezas Serenísimas? Son carne de sepultura, como las otras. Pero estas cosas no puedes comprenderlas, jovencito, y hago mal en decírtelas. Es inevitable que tú y tus amigas os hundáis en los mefíticos pantanos de vuestros inmundos placeres. Son muy pocos los que saben.

Con los ojos vueltos al techo, comenzó a sonreír. Su rostro tenía una expresión de arrobamiento. Después me tendió la mano y se fue.

No se le vio durante tres días. Al cuarto, me llamaron por teléfono a la redacción:

—¿Es *monsú* Corbera? Soy Bettina, el ama de llaves del señor senador La Ciura. Me encarga que le diga que ha tenido un fuerte resfriado, que ahora está mejor y que quiere verle esta noche, después de cenar. Venga a la calle de Bertola, dieciocho, a las nueve. Segundo piso.

La comunicación, bruscamente interrumpida, se hizo inapelable.

El número 18 de la calle de Bertola era un viejo palacio arruinado, pero el apartamento del senador era amplio y estaba muy cuidado, supongo que gracias a los desvelos de Bettina. Desde el vestíbulo, empezaba el desfile de los libros, de esos libros de aspecto modesto y de encuadernación barata de todas las bibliotecas vivas. Los había a millares en las tres habitaciones que atravesé. En la cuarta estaba sentado el senador, envuelto en una amplísima bata de pelo de camello, fina y suave como jamás había visto otra. Después supe que no era de pelo de camello, sino de una preciosa lana de un animal peruano y que era un regalo del Senado Académico de Lima. El senador se guardó bien de levantarse cuando entré, pero me acogió con gran cordialidad. Estaba mejor, incluso bien del todo, y esperaba ponerse de nuevo en circulación en cuanto se suavizase la ola de frío que en aquellos días pesaba sobre Turín. Me ofreció vino resinoso chipriota, regalo del Instituto Italiano de Atenas, unos atroces *lukums* rosados, obsequio de la Misión Arqueológica de Ankara, y unos dulces turineses, más racionales, comprados por la previsora Bettina. Estaba de tan buen humor que sonrió dos veces, con toda la boca, y llegó incluso a excusarse por sus arrebatos de cólera en el Hades.

—Lo sé, Corbera, me he excedido en los términos, aunque he sido moderado, créeme, en los conceptos. Pero no pienses más en eso.

Yo no pensaba ya, ciertamente. Más bien, me sentía lleno de respeto hacia aquel viejo de quien sospechaba que era muy desgraciado, a pesar de su triunfal carrera. El devoraba los abominables *lukums*.

—Los dulces, Corbera, deben ser dulces, y basta. Si tienen, además, otro sabor, son como besos depravados.

Le daba buenos trozos a Eaco, un enorme *boxer* que había entrado hacía un rato.

—Éste, Corbera, para quien sabe comprenderlo, se parece más a los Inmortales, a pesar de su fealdad, que tus raterillas.

Se negó a enseñarme la biblioteca.

—Todo cosas clásicas, que no pueden interesar a un hombre como tú, moralmente suspendido en griego.

Pero me hizo dar una vuelta por la habitación en que estábamos, que era también su estudio. Había pocos libros, y entre ellos vi el Teatro de Tirso de Molina, la *Ondina* de Lamotte-Fouqué, el drama homónimo de Giraudoux, y, con gran sorpresa mía, las obras de H. G. Wells. Pero, en compensación, por las paredes había enormes fotografías de tamaño natural de estatuas griegas arcaicas. Y no las acostumbradas fotografías que todos podemos conseguir, sino ejemplares espléndidos, evidentemente pedidos con autoridad y enviados con devoción por los museos de todo el mundo. Allí estaban todas aquellas magníficas criaturas: el *Caballero* del Louvre, la *Diosa sentada* de Tarento, que está en Berlín, el *Guerrero* de Delfos, la *Koré* de la Acrópolis, el *Apolo de Piombino*, la *Mujer lapita* y el *Febo* de Olimpia, el celebérrimo *Auriga*... La estancia centelleaba con sus sonrisas estáticas y a la vez irónicas, y se exaltaba en la recóndita altivez de su actitud:

—¿Lo ves, Corbera? Éstas sí, tal vez. Las *totinas,* no.

Sobre la chimenea, ánforas y cráteras antiguas: Ulises atado al mástil de la nave, las Sirenas que desde lo alto de la roca se estrellaban contra los escollos, en expiación por haber dejado escapar la presa.

—Patrañas, Corbera, éstas son patrañas pequeñoburguesas de los poetas. Nadie escapa, y, aunque alguien hubiera escapado, las Sirenas no morirían por tan poca cosa. Además, ¿cómo hubieran hecho para morir?

Encima de una mesita, en un modesto marco, una fotografía vieja y descolorida. Un joven de veinte años, casi desnudo, de cabellos crespos y despeinados, con una expresión arrogante en unas facciones de rara belleza. Perplejo, me detuve un instante. Creía haber comprendido. Pero no era así.

—Y éste, paisano, éste era, es y será —subrayó con fuerza— Rosario La Ciura.

El pobre senador en bata había sido un joven dios.

Luego hablamos de otras cosas, y, poco antes de que me marchase, me mostró una carta en francés del Rector de la Universidad de Coimbra, que le invitaba a formar parte del comité de honor del congreso de estudios griegos que en mayo se celebraría en Portugal.

—Estoy muy contento. Me embarcaré en Génova, en el *Rex,* con los congresistas franceses, suizos y alemanes. Como Ulises, me taparé los oídos para no escuchar las tonterías de esos retrasados, y serán unas hermosas jornadas de navegación: sol, azul, olor de mar.

Al salir, volvimos a pasar ante la estantería en la que se hallaban las obras de Wells, y me atreví a manifestarle mi sorpresa por verlas allí.

—Tienes razón, Corbera, son un horror. Hay, además, una novelita que, si la releyese, me daría ganas de escupir durante un mes seguido. Y tú, perrito de salón como eres, te escandalizarías.

Tras aquella visita, nuestras relaciones se hicieron decididamente cordiales, por mi parte al menos. Realicé laboriosas gestiones para que me mandasen de Génova unos erizos de mar bien frescos. Cuando supe que llegarían al día siguiente, me procuré vino del Etna y pan aldeano, y, con cierto temor, invité al senador a que visitase mi pisito. Aceptó, muy cortés, para gran alivio mío. Fui a recogerle en mi Balilla, y le llevé hasta la calle de Peyron, que casi está donde Cristo dio las tres voces. En el coche tenía un poco de miedo y ninguna confianza en mi pericia de conductor:

—Ahora te conozco, Corbera. Si tenemos la desgracia de encontrar a uno de tus mamarrachitos con faldas, serías capaz de volver la cabeza y nos romperíamos la crisma contra una esquina.

No encontramos ningún aborto con faldas digno de consideración, y llegamos incólumes.

Por primera vez desde que le conocí, vi reír al senador: fue cuando entramos en mi dormitorio.

—¿Así, que éste, Corbera, es el centro de tus sucias aventuras? —Examinó mis pocos libros—. Bien, bien. Tal vez seas menos ignorante de lo que pareces. Éste —añadió cogiendo mi Shakespeare—, éste entendía algo. *A sea change into something rich and strange. What potions have I drunk of Syren tears?*

Cuando, ya en el saloncito, la buena señora Carmagnola entró con la fuente de erizos, los limones y demás, el senador se quedó extasiado.

—¿Cómo? ¿Has pensado en esto? ¿Cómo sabes que son las cosas que más deseo?

—Puede comerlos tranquilo, senador. Esta mañana, estaban todavía en el mar de la *Riviera*.

—Ya, ya, vosotros siempre sois los mismos, con vuestras servidumbres a lo que degenera, a lo que se pudre. Siempre con las largas orejas atentas espiando los pasos arrastrados de la Muerte. ¡Pobres diablos! Gracias, Corbera, has sido un *buenfamulus*. Lástima que no sean del mar de allá abajo, estos erizos, que no estén envueltos en nuestras algas. Sus espinas, desde luego, nunca han hecho derramar sangre divina. Realmente, has hecho cuanto era posible, pero éstos son como erizos bravos, que dormitaban en las frías escolleras de Nervi o de Arenzano.

Se veía que era uno de esos sicilianos para quienes la ribera ligur —región tropical para los milaneses— es una especie de Islandia. Los erizos, partidos, mostraban su carne herida, sangrienta, extrañamente compartimentada. Nunca lo había pensado antes, pero ahora, tras las originales comparaciones del senador, me parecían, realmente, una disección practicada en no se sabe qué delicados órganos femeninos. Él los saboreaba con avidez, pero sin alegría, concentrado, casi compungido. No quiso ponerles limón.

—¡Vosotros, siempre con vuestros sabores añadidos! ¡El erizo tiene que saber también a limón, el azúcar también a chocolate, el amor también a paraíso!

Al acabar, bebió un sorbo de vino y cerró los ojos. Poco después, advertí que entre sus párpados marchitos resbalaban dos lágrimas. Se levantó, se acercó a la ventana, se enjugó los ojos discretamente. Luego se volvió.

—¿Nunca has estado en Augusta, Corbera?

Había estado tres meses, de recluta. Durante las horas de salida, tomábamos una barca entre dos o tres, y nos íbamos a dar una vuelta por las aguas transparentes de los golfos. Tras mi respuesta se calló, y después, con voz irritada, preguntó:

—¿Y vosotros, los quintos, fuisteis alguna vez a aquel golfito interior, por encima de punta Izzo, detrás de la loma que domina las salinas?

—Claro. Es el lugar más hermoso de Sicilia, que afortunadamente no han descubierto aún los domingueros. La costa es salvaje, ¿verdad, senador? Completamente desierta. Ni una casa se ve. El mar es del color de los pavos reales, y exactamente enfrente, más allá de aquellas olas cambiantes, se levanta el Etna. Desde ningún otro sitio se lo ve tan hermoso como desde allí, sereno, poderoso, verdaderamente divino. Es uno de los lugares en los que se ve un aspecto eterno de la isla, que tan estúpidamente ha vuelto la espalda a su vocación, que era la de servir como dehesa a los rebaños del sol.

El senador callaba. Luego, dijo:

—Eres un buen muchacho, Corbera. Si no fueses tan ignorante, habría podido hacerse algo de ti.

Se acercó y me besó en la frente:

—Ahora vete a buscar tu cacharro. Quiero irme a casa.

Durante las semanas siguientes, continuamos viéndonos como de costumbre. Ahora dábamos paseos nocturnos, en general por la calle del Po abajo, y cruzando la plaza Vittorio, de aire muy militar, íbamos a mirar el río presuroso y la colina, allí donde se intercala un poco de fantasía en el rigor geométrico de la ciudad. Comenzaba la primavera, la conmovedora estación de juventud amenazada. En las orillas despuntaban las primeras lilas, y las más apresuradas de las parejitas sin refugio desafiaban la humedad de la hierba.

—Allá abajo, el sol ya quema, las algas florecen, los peces suben hasta la superficie del agua en las noches de luna, y se vislumbran destellos de cuerpos entre las espumas luminosas. Nosotros estamos aquí, ante esta corriente de agua insípida y desierta, junto a estos cuartelones que parecen soldados o frailes alineados, y oímos los sollozos de estos apareamientos de agonizantes.

Pero le alegraba pensar en la próxima navegación hasta Lisboa. La fecha de la partida se acercaba ya.

—Será agradable. Tú deberías venir también. Pero es una lástima que no sea una reunión para deficientes en griego. Conmigo aún se puede hablar en italiano, pero si con Zuckmayer o con Van der Voos no demuestras conocer los optativos de todos los verbos irregulares, estás listo. Aunque de la realidad griega, a lo mejor, sepas tú más que ellos. No por cultura, claro, sino por instinto animal.

Dos días antes de su partida para Génova me dijo que al día siguiente no iría al café, pero que me esperaba en su casa a las nueve de la noche.

El ceremonial fue el mismo de la otra vez: las imágenes de los dioses de hace tres mil años irradiaban juventud como una estufa irradia calor; la descolorida fotografía del joven dios de cincuenta años antes parecía asustada al contemplar su propia metarmofosis, anciana y hundida en la poltrona.

Cuando bebimos el vino de Chipre, el senador llamó a Bettina y le dijo que podía irse a la cama.

—Yo acompañaré al señor Corbera cuando se vaya. Mira, Corbera, si te he hecho venir aquí esta noche, aun a riesgo de echarte a perder alguna de tus fornicaciones en Rívoli, es porque te necesito. Mañana me voy, y cuando a mi edad uno se va lejos, nunca se sabe si no quedará allá para siempre. Sobre todo, cuando se viaja por mar. ¿Sabes? Yo, en el fondo, te quiero bien. Tu ingenuidad me conmueve, tus confesadas maquinaciones vitales me divierten. Y, además, me parece haber comprendido que tú, como sucede con algunos sicilianos de la mejor especie, has logrado la síntesis de los sentidos y la razón. Por lo tanto, mereces que yo no te deje en ayunas, sin haberte explicado la razón de algunas de mis rarezas, de algunas frases que he dicho en presencia tuya y que seguramente te habrán parecido dignas de un loco.

Protesté débilmente:

—No he comprendido muchas de las cosas que usted dijo, pero siempre he atribuido mi incomprensión a la insuficiencia de mi entendimiento, y nunca a una aberración del suyo.

—Está bien, Corbera, es lo mismo. Todos nosotros, los viejos, os parecemos locos a los jóvenes, cuando, en realidad, muchas veces es lo contrario. Pero, para explicarme, tendré que contarte mi aventura, que es insólita. Ocurrió cuando yo era ese "señorito" —y me señalaba su fotografía—. Tenemos que remontarnos a 1887, tiempos que a ti te parecerán prehistóricos, pero que para mí no lo son.

Se levantó de su sitio, detrás del escritorio, y vino a sentarse en mi diván.

—Perdóname, ¿sabes?, pero luego tendré que hablar en voz baja. Las palabras importantes no pueden berrearse. El «grito de amor» o de odio no se encuentra más que en los melodramas o entre la gente más inculta, que son la misma cosa. De modo que en 1887 tenía yo veinticuatro años. Mi aspecto era el de la fotografía. Tenía ya el doctorado en clásicas, y había publicado dos trabajitos sobre los dialectos jónicos que habían suscitado cierto revuelo en mi Universidad, y desde hacía un año me preparaba para las oposiciones a la Universidad de Pavía. Además, nunca me había acercado a una mujer. En realidad, a una mujer no me he acercado nunca, ni antes ni después de aquel año.

Yo estaba seguro de que mi rostro se había quedado impasible como el mármol, pero me equivocaba.

—Tu pestañeo es muy grosero, Corbera. Lo que digo es la verdad. Verdad y también orgullo. Ya sé que nosotros, los de Catania, tenemos fama de ser capaces de preñar a nuestras amas de cría, y es posible que sea cierto. Pero no en mi caso. Cuando se frecuentan noche y día diosas y semidiosas, como hacía yo en aquel tiempo, quedan pocas ganas de subir las escaleras de los prostíbulos de San Berillio. Por otra parte, yo entonces tenía escrúpulos religiosos. Corbera, tienes que aprender a controlar tus pestañas, de veras: te traicionan constantemente. Escrúpulos religiosos he dicho, sí. Y también he dicho "entonces". Ahora ya no los tengo, pero en este terreno no me ha servido de nada.

»Tú, Corberita, que probablemente has conseguido tu puesto en el periódico gracias a la recomendación de algún jerarca, no sabes lo que es la preparación para unas oposiciones a una cátedra universitaria de literatura griega. Hay que darle durante dos años, hasta el límite de la demencia. La lengua, por fortuna, la conocía ya bastante bien, tanto como ahora; y no es por presumir, ¿sabes? Pero lo demás, ¡las variantes alejandrinas y bizantinas de los textos, los fragmentos citados, siempre mal, por los autores latinos, las innumerables conexiones de la literatura con la mitología, la historia, la filosofía, las ciencias! Te repito que es para volverse loco. Así que estudiaba como un perro, y, además, daba clases a algunos suspendidos en el instituto para poder pagarme el alojamiento en la ciudad. Puede decirse que me alimentaba sólo de aceitunas negras y de café. Y encima de todo esto sobrevino la catástrofe de aquel verano de 1887, que fue una de las verdaderamente infernales, como ocurren allá abajo de vez en cuando. Por la noche, el Etna vomitaba de nuevo el ardor del sol almacenado durante las quince horas del día. Si al mediodía se tocaba la barandilla de hierro de un balcón, había que ir corriendo a la casa de socorro. Los empedrados de lava parecían a punto de volver al estado líquido, y el siroco te golpeaba en la cara con sus alas de murciélago viscoso, casi todos los días. Yo iba a reventar. Un amigo me salvó: me encontró cuando yo andaba errante, trastornado por las calles, balbuceando versos griegos que ya ni entendía. Mi aspecto le impresionó. "Oye, Rosario, si te quedas aquí, te volverás loco y adiós oposiciones. Yo me voy a Suiza (el muchacho tenía dinero), pero en Augusta tengo una casucha de tres habitaciones, a veinte metros del mar, muy lejos del pueblo. Lía el petate, coge tus libros e instálate allí para todo el verano. Vente por casa dentro de una hora y te daré la llave. Ya verás, aquello es otra cosa. En la estación, pregunta por la casita de Carobene. Todos la conocen. Pero vete, de veras, vete esta misma noche".

»Seguí su consejo, me fui aquella misma noche, y al otro día, al despertar, en lugar de las tuberías de los retretes que desde el otro lado del patio me saludaban al amanecer, me encontré frente a una pura extensión de mar, con el Etna al fondo, ya no despiadado, envuelto en los vapores de la mañana. El puerto estaba totalmente desierto, como me has dicho que lo está todavía hoy, y era de una belleza única. La casita, en sus habitaciones descuidadas, no tenía más que el sofá en el que había pasado la noche, una mesa y tres sillas. En la cocina, unos pucheros de barro y una vieja lámpara. Detrás de la casa, una higuera y un pozo. Un paraíso. Fui al pueblo, busqué al campesino de la finquita de Carobene, y acordé con él que cada dos o tres días me llevaría pan, pastas, alguna verdura y petróleo. El aceite lo tenía yo, del nuestro, que mi pobre madre me había mandado a Catania. Alquilé una barquita ligera que el pescador me llevó por la tarde, juntamente con una nasa y algunos anzuelos. Estaba decidido a quedarme allí por lo menos dos meses.

»Carobene tenía razón: verdaderamente, era otra cosa. El calor era tremendo también en Augusta, pero al no reverberar en las paredes, ya no producía una postración bestial, sino una especie de tranquila euforia, y el sol, abandonado su ceño de verdugo, se conformaba con ser un risueño aunque brutal donante de energías, a la vez que un mago que engastaba movedizos diamantes en cada uno de los más leves rizados del mar. El estudio había dejado de ser una fatiga: con el ligero balanceo de la barca en la que permanecía largas horas, cada libro parecía ya no un obstáculo que vencer, sino más bien una llave que me abría paso a un mundo que me ponía ya ante los ojos uno de sus aspectos más cautivadores. A menudo me encontraba midiendo en voz alta los versos de los poetas, y los nombres de aquellos dioses olvidados, ignorados por los más, rozaban de nuevo la superficie de aquel mar que en otro tiempo, sólo al oírlos, se alzaba en tumulto o se aplacaba en bonanza.

»Mi aislamiento era absoluto, y sólo se veía interrumpido por las visitas del campesino que cada tres o cuatro días me llevaba las modestas provisiones. Se detenía sólo cinco minutos, porque al verme tan exaltado y desmelenado debía de considerarme, sin duda, al borde de una locura peligrosa. Y, realmente, el sol, la soledad, las noches pasadas bajo el rodar de las estrellas, el silencio, la nutrición escasa, el estudio de temas remotos, mantenían a mi alrededor una especie de encantamiento que me predisponía al prodigio.

»Éste vino a consumarse en la mañana del cinco de agosto, a las seis. Me había despertado hacía poco, y había saltado a la barca, inmediatamente. Unos pocos golpes de remo me alejaron de los guijarros de la playa, y me detuve bajo una gran roca cuya sombra me protegía del sol que lleno de hermosa furia ya se levantaba y transformaba en oro y azul la blancura del mar auroral. Yo estaba declamando, cuando sentí un brusco descenso del borde de la barca, a la derecha, detrás de mí, como si alguien se hubiera agarrado para subir. Me volví, y la vi: el rostro terso de una muchacha de dieciséis años surgía del mar, y dos pequeñas manos apretaban el borde de la barca. Aquella adolescente sonreía, un ligero pliegue separaba los pálidos labios y dejaba entrever unos dientecillos agudos y blancos como los de los perros. Pero no era una de esas sonrisas como las que se ven entre vosotros, siempre bastardeadas por una expresión accesoria, de benevolencia o de ironía, de piedad, de crueldad o de lo que sea; aquélla se expresaba sólo a sí misma, es decir, una casi bestial alegría de existir, un gozo casi divino. Aquella sonrisa fue el primero de los sortilegios que actuaron sobre mí, revelándome paraísos de olvidadas serenidades. El agua del mar resbalaba de los desordenados cabellos color de sol sobre los ojos verdes, muy abiertos, sobre las facciones de infantil pureza.

»Nuestra recelosa razón, aunque se halle predispuesta, se rebela ante el prodigio, y cuando descubre uno trata de apoyarse en el recuerdo de fenómenos triviales. Como cualquier otro, yo quise creer que había encontrado a una bañista, y moviéndome con precaución me acerqué a ella, me incliné y le tendí las manos para ayudarla a subir. Pero ella, con asombrosa energía, se irguió derecha en el agua hasta la cintura, me ciñó el cuello con los brazos, me envolvió en un perfume que me era desconocido y se deslizó en la barca: desde la ingle para abajo, desde los glúteos, su cuerpo era el de un pez, revestido de pequeñísimas escamas nacaradas y azules, y terminaba en una cola bifurcada que golpeaba, lenta, el fondo de la barca. Era una Sirena.

»Echada, apoyaba la cabeza en las manos cruzadas, mostraba con tranquila impudicia los delicados pelillos de las axilas, los senos separados, el vientre perfecto. De ella brotaba lo que torpemente he llamado un perfume, un olor mágico de mar, de voluptuosidad jovencísima. Estábamos a la sombra, pero a veinte metros de nosotros la playa se tendía al sol y se estremecía de placer. Mi desnudez casi total escondía mal mi emoción.

»Ella hablaba, y así me vi subyugado, después de los sortilegios de la sonrisa y del olor, por el tercero, que los superaba: el de la voz. Era un poco gutural, velada, con resonancias de innumerables armonías. Como fondo de sus palabras, en ella se percibían las resacas perezosas de los mares estivales, el murmullo de las últimas espumas sobre la playa, el paso de los vientos sobre las ondas lunares. El canto de las sirenas, Corbera, no existe: la música a la que no se escapa no es otra que la de su voz.

»Hablaba griego, y me costaba mucho entenderla. "Te oí hablar a solas, en una lengua parecida a la mía. Me gustas. Tómame. Soy Ligea, hija de Calíope. No creas en las fábulas inventadas sobre nosotras. No matamos a nadie. Sólo amamos". Inclinado sobre ella, yo remaba, con mis ojos clavados en los suyos, sonrientes. Llegamos a la orilla. Tomé entre mis brazos su cuerpo aromático, y pasamos de la luz fulgurante a la sombra densa. Ella me instilaba ya en la boca una voluptuosidad que es a vuestros besos terrenales lo que el vino al agua insípida.

El senador narraba su aventura en voz baja. Yo, que en el fondo de mi corazón siempre había contrapuesto mis variadas experiencias femeninas a las suyas, que me parecían mediocres, y que de ello había sacado una estúpida sensación de menor distancia, me encontraba humillado: también en materia de amores me veía hundido a distancias insalvables. Ni por un instante tuve la sospecha de que estuvieran contando patrañas, y cualquiera que hubiera estado presente, aun el más escéptico, habría advertido la verdad más cierta en el tono del viejo.

—Así empezaron aquellas tres semanas. No me está permitido entrar en detalles, ni yo sería piadoso contigo, además, si lo hiciera. Baste decir que en aquellos abrazos gozaba a la vez de las más altas formas de voluptuosidad espiritual y de esa elemental voluptuosidad, exenta de toda resonancia social, que nuestros pastores solitarios experimentan cuando en los montes se unen a sus cabras. Si la comparación te repugna, es porque no puedes realizar la necesaria transposición desde el plano bestial al sobrehumano, planos, en mi caso, superpuestos.

»Acuérdate de cuanto Balzac no se atrevió a expresar en *Passion dans le désert*. De los inmortales miembros de ella brotaba tal potencial de vida que las pérdidas de energía se compensaban inmediatamente, incluso se acrecentaban. En aquellos días, Corbera, he amado tanto como cien de vuestros donjuanes juntos en toda su vida. ¡Y qué amores! Sin conventos ni delitos, sin el rencor de los comendadores ni las trivialidades de los Leporello, lejos de los requerimientos del corazón, de los falsos suspiros, de las ficticias delicuescencias que inevitablemente manchan vuestros miserables besos. En realidad, un Leporello nos molestó el primer día, y fue la única vez: hacia las diez, oí el ruido de las botas del campesino en el sendero que conducía al mar. Apenas tuve tiempo de cubrir con una sábana el cuerpo insólito de Ligea cuando ya él estaba en la puerta. La cabeza, el cuello y los brazos de ella, que no estaban tapados, hicieron creer al Leporello que se trataba de un vulgar amorío, y en consecuencia le inspiraron un inesperado respeto. Se detuvo aún menos de lo acostumbrado; al marcharse guiñó el ojo izquierdo, y con el pulgar y el índice de la derecha, encogidos y cerrados, hizo como que se retorcía en la comisura de su boca un bigote imaginario, y se fue por el sendero arriba.

»He hablado de los veinte días que pasamos juntos, pero no querría que tú imaginases que durante esas tres semanas ella y yo vivimos "maritalmente", como suele decirse, compartiendo la cama, la comida y las ocupaciones. Las ausencias de Ligea eran muy frecuentes. Sin decirme nada, se lanzaba al mar y desaparecía, a veces durante muchísimas horas. Cuando volvía, casi siempre al amanecer, o me encontraba en la barca o, si aún estaba en la casita, se arrastraba sobre los guijarros, mitad fuera y mitad dentro del agua, sobre la espalda, haciendo fuerza con los brazos y llamándome para que le ayudase a subir la cuesta. "Sasa", me llamaba, porque le había dicho que ése era el diminutivo de mi nombre. En aquel momento, entorpecida precisamente por la parte de su cuerpo que le daba soltura en el mar, presentaba el aspecto lastimoso de un animal herido, aspecto que la risa de sus ojos borraba inmediatamente.

»No comía más que cosas vivas. Con frecuencia, la veía surgir del mar, con el torso delicado brillando al sol, mientras desgarraba con los dientes un pez plateado que aún se estremecía; la sangre le surcaba la barbilla; después de unos mordiscos, arrojaba hacia atrás, por encima del hombro, la merluza o la dorada destrozadas, que se hundían en el agua manchándola de rojo, mientras Ligea gritaba infantilmente, limpiándose los dientes con la lengua. Una vez, le di vino. No pudo beberlo en el vaso y tuve que echárselo en la palma de la mano, diminuta y levemente verdosa; lo bebió haciendo chasquear la lengua, igual que los perros, mientras que en los ojos se le pintaba la sorpresa ante aquel sabor desconocido. Dijo que era bueno, pero, después, siempre lo rechazó. De vez en cuando, venía a la orilla con las manos llenas de ostras, de mejillones, y mientras yo me afanaba en abrir las conchas con un cuchillo, ella las partía con una piedra y sorbía el molusco palpitante, juntamente con partículas de conchas de las que no se preocupaba.

»Ya te lo he dicho, Corbera: era un animal, pero, al mismo tiempo, era también una Inmortal, y es una lástima que al hablar no pueda expresarse constantemente esta síntesis, como ella la expresaba, con absoluta sencillez, en su propio cuerpo. No sólo en el acto carnal manifestaba una exaltación y una delicadeza opuestas a la sombría lujuria animal, sino que sus palabras eran de una inmediatez poderosa que sólo he encontrado en algunos grandes poetas. No se es hija de Calíope en vano. Al margen de todas las culturas, ignorante de toda sabiduría, desdeñosa de cualquier exigencia moral, Ligea formaba parte, sin embargo, del manantial de toda cultura, de toda sabiduría, de toda ética, y sabía expresar aquella superioridad primigenia en términos de áspera belleza. "Lo soy todo, porque sólo soy corriente de vida, exenta de accidentes. Soy inmortal, porque todas las muertes confluyen en mí, desde la de la merluza de hace un momento hasta la de Zeus, y, reunidas en mí, se convierten nuevamente en vida, ya no individual y determinada, sino pánica, y, por consiguiente, libre". Después decía: "Tú eres bello y joven. Deberías seguirme ahora al mar, y te librarías de los dolores de la vejez. Vendrías a mi morada, bajo los altísimos montes de aguas inmóviles y oscuras, donde todo es silenciosa quietud, tan natural que quien la posee ni siquiera la advierte. Yo te he amado, y, recuérdalo, cuando estés cansado, cuando ya no puedas más, no tendrás más que asomarte al mar y llamarme: yo estaré siempre allí, porque estoy en todas partes, y tu sed de sueño será saciada".

»Me hablaba de su existencia debajo del mar, de los Tritones barbudos, de las grutas glaucas, pero no me decía que también éstas eran fatuas apariencias y que la verdad estaba mucho más al fondo, en el ciego y mudo palacio de aguas informes, eternas, sin resplandores, sin susurros.

»Una vez, me dijo que estaría ausente mucho tiempo, hasta la noche del día siguiente. "Tengo que ir lejos, hasta donde sé que encontraré un regalo para ti".

»Volvió, en efecto, con un espléndido ramo de coral purpúreo, incrustado de conchas y mohos marinos. Lo he conservado durante mucho tiempo en un cajón, y todas las noches besaba aquellos sitios en los cuales recordaba que se habían posado los dedos de la Indiferente, es decir, de la Bienhechora. Un día, María, el ama de llaves que precedió a Bettina, me lo robó para dárselo a su chulo. Después lo recuperé en casa de un joyero de Ponte Vecchio, profanado, pulido y repulido hasta el punto de resultar casi irreconocible. Lo compré, y por la noche lo arrojé al Arno: había pasado por demasiadas manos profanas.

»Me hablaba también de los no pocos amantes humanos que había tenido durante su adolescencia milenaria: pescadores y marineros griegos, sicilianos, árabes, capriotas, también algunos náufragos, a la deriva sobre restos podridos, a los que ella se había aparecido por un instante entre los relámpagos de la tormenta, para convertir en placer su último estertor. "Todos han aceptado mi invitación, han venido a reunirse conmigo, unos en seguida, otros pasado lo que para ellos era mucho tiempo. Uno solo no se dejó ver más: era un bello muchachote de piel blanquísima y cabellos rojos con el que me uní en una playa lejana, donde nuestro mar se vierte en el gran Océano. Olía a algo más fuerte que el vino que tú me has dado el otro día. Creo que no se ha hecho ver, no porque sea feliz, desde luego, sino porque, cuando nos encontramos, estaba tan ebrio, que no comprendía nada. Le habré parecido una de tantas pescadoras".

»Aquellas semanas de pleno verano pasaron rápidas como una sola mañana. Cuando se acabaron, me di cuenta de que en realidad había vivido siglos. Aquella muchachita lasciva, aquella fierecilla cruel había sido también Madre prudentísima, que con su sola presencia había desarraigado creencias, disipado metafísicas. Con sus dedos frágiles, a menudo ensangrentados, me había mostrado el camino hacia los verdaderos y eternos reposos, incluso hacia un ascetismo de vida, derivado no de la renuncia, sino de la imposibilidad de aceptar otros placeres inferiores. No seré yo, ciertamente, el segundo en no obedecer a su llamada, no rechazaré esta especie de Gracia pagana que me ha sido concedida.

»A causa de su misma fuerza, aquel verano fue breve. Poco después del veinte de agosto se formaron las primeras tímidas nubes, llovió alguna gota aislada, tibia como la sangre. Las noches fueron toda una sucesión, en el horizonte lejano, de lentos y mudos relampagueos que se enlazaban el uno con el otro como los pensamientos de un dios. Por la mañana el mar color de tórtola como una tórtola se dolía por sus arcanas inquietudes, y a la noche se encrespaba, sin que se levantara brisa, en una gradación de grises humo, grises acero, grises perla, todos suavísimos y más entrañables que el esplendor precedente. Lejanísimos jirones de niebla rozaban las aguas. Tal vez en las costas griegas llovía ya. También el humor de Ligea palidecía desde el esplendor al tono entrañable del gris. Callaba más, pasaba horas echada sobre un escollo mirando al horizonte ya no inmóvil, se alejaba poco. "Quiero quedarme aún contigo. Si ahora me alejase, mis compañeros del mar me retendrían. ¿Lo oyes? Me llaman". En verdad, a veces me parecía oír una nota diferente, más baja, entre el graznido agudo de las gaviotas, vislumbrar fugaces desenfrenos entre los escollos. "Hacen sonar sus conchas, llaman a Ligea para las fiestas de la tempestad".

»Esta nos asaltó al amanecer del día veintiséis. Desde el escollo vimos acercarse el viento que revolvía las aguas lejanas; cerca de nosotros las olas de color de plomo se hinchaban, grandes y perezosas. La ráfaga no tardó en alcanzarnos, nos silbó en los oídos, inclinó los romeros secos. Debajo de nosotros, el mar se rompió, la primera oleada avanzó coronada de blancura. "Adiós, Sasà. No olvidarás".

»La oleada se rompió contra el escollo, y la Sirena se lanzó al irisado borboteo. No la vi caer. Fue como si se deshiciera en la espuma.

El senador partió al día siguiente, por la mañana. Yo fui a la estación a despedirlo. Estaba huraño y mordaz como siempre, pero cuando el tren se puso en movimiento, sus dedos rozaron mi cabeza desde la ventanilla.

Al otro día, de madrugada, telefonearon desde Génova al periódico: durante la noche el senador La Ciura había caído al mar desde la cubierta del *Rex,* que navegaba hacia Nápoles, y, aunque inmediatamente se echaron botes al mar, no se encontró su cuerpo.

Una semana después, se abrió su testamento. Para Bettina eran el dinero del banco y los muebles; la biblioteca se dejaba en herencia a la Universidad de Catania. En un codicilo de fecha reciente, yo era nombrado legatario de la crátera griega con la figura de las Sirenas y de la gran fotografía de la *Koré* de la Acrópolis.

Mandé los dos objetos a mi casa de Palermo. Después vino la guerra, y mientras yo estaba en Marmárica con medio litro de agua diario, los *Liberators* destruyeron mi casa. Cuando volví, la fotografía había sido cortada en tiras que habían servido de antorchas a los saqueadores nocturnos. La crátera se había hecho pedazos.

En el trozo más grande se ven los pies de Ulises atado al mástil de la nave. Lo conservo aún. Los libros fueron depositados en el sótano de la Universidad, pero, como no hay fondos para las estanterías, se van pudriendo lentamente.

 CHÉJOV (1860 - 1904)

ANTON CHÉJOV

Anton Pávlovich Chéjov nació en Taganrog el 29 de enero de 1860 de origen humilde. Su abuelo era un siervo de la gleba y su padre también, aunque con el tiempo adquirió un negocio de comestibles. La ruina de este negocio impulsó a la familia de Chéjov a emigrar a Moscú en 1876 mientras el futuro escritor permanecía en su pueblo terminando sus estudios secundarios.

En 1879 se instala en Moscú y empieza a estudiar medicina; se hace cargo de sus seis hermanos escribiendo cuentos y reseñas literarias en revistas de San Petersburgo. En 1901 se casó con la actriz Olga Knipper, quien había actuado en su obra de teatro *La gaviota*. Muere el 15 de julio de 1904 de tuberculosis.

 CHÉJOV (1860 - 1904)

LA DAMA DEL PERRITO

n nuevo personaje había aparecido en la localidad: una señora con un perrito. Dmitri Dmitrich Gurov, que por entonces pasaba una temporada en Yalta, empezó a interesarse en los acontecimientos que ocurrían. Sentado en el pabellón de Verney, vio pasearse junto al mar a una señora joven, de pelo rubio y mediana estatura que llevaba una boina; un perro blanco de Pomerania corría delante de ella.

Después la volvió a encontrar en los jardines públicos y en la plaza varias veces. Caminaba sola, llevando siempre la misma boina, y siempre con el mismo perro; nadie sabía quién era y todos la llamaban sencillamente "la señora del perro".

"Si está aquí sola, sin su marido o amigos, no estaría mal trabar amistad con ella" —pensó Gurov.

Aún no había cumplido cuarenta años, pero tenía ya una hija de doce y dos hijos en la escuela. Se había casado joven cuando era estudiante de segundo año y por entonces su mujer parecía tener la mitad de edad que él. Era una mujer alta y tiesa, de cejas oscuras, grave y digna, y como ella misma decía, intelectual. Leía mucho, usaba un lenguaje rebuscado, llamaba a su marido no Dmitri, sino Dimitri y él en secreto la consideraba falta de inteligencia, de ideas limitadas, cursi. Estaba avergonzado de ella y no le gustaba quedarse en su casa. Empezó por serle infiel hacía mucho tiempo —le fue infiel bastante a menudo—, y, probablemente por esta razón, casi siempre hablaba mal de las mujeres; y cuando se tocaba este asunto en su presencia, acostumbraba llamarlas "la raza inferior". Parecía estar tan escarmentado por la amarga experiencia, que le era lícito llamarlas como quisiera, y, sin embargo, no podía pasarse dos días seguidos sin "la raza inferior". En la sociedad de hombres estaba aburrido y no parecía el mismo; se mostraba con ellos frío y poco comunicativo; pero en compañía de mujeres se sentía libre, sabiendo de qué hablarles y cómo comportarse; se encontraba a sus anchas entre ellas aunque estuviese callado. En su aspecto exterior, en su carácter y en toda su naturaleza, había algo de atractivo que seducía a las mujeres, predisponiéndolas en su favor; él sabía esto, y diríase también que alguna fuerza desconocida lo llevaba hacia ellas.

La experiencia, a menudo repetida, la cruda y amarga experiencia, le había enseñado hacía tiempo que con gente decente, especialmente gente de Moscú —siempre lentos e irresolutos para todo—, la intimidad, que al principio diversifica agradablemente la vida y parece una ligera y encantadora aventura, llega a ser inevitablemente un intrincado problema, y con el tiempo la situación se hace insoportable. Pero a cada nuevo encuentro con una mujer interesante, esta experiencia se le olvidaba, sentía ansias de vivir, y todo lo encontraba sencillo y divertido.

Una noche que estaba comiendo en los jardines, la señora de la boina llegó lentamente y se sentó a la mesa de al lado. La expresión de su rostro, su aire, el vestido y el peinado le indicaron que era una señora, que estaba casada, que se encontraba en Yalta por primera vez y que estaba triste allí... Las historias inmorales, que se murmuran en sitios como Yalta, son, la mayor parte, mentira; Gurov las despreciaba, sabiendo que tales historias eran inventos, en su mayor parte, de personas que hubieran pecado tranquilamente de haber tenido ocasión; pero cuando la señora del perro se sentó a la mesa de al lado, a tres pasos de él, recordó esas historias de conquistas fáciles, de excursiones a las montañas, y el tentador pensamiento de una dulce y ligera aventura amorosa, una novela con una mujer desconocida, cuyo nombre le fuese desconocido también, se apoderó súbitamente de su ánimo.

Llamó cariñosamente al Pomerania y cuando el perro se acercó a él lo acarició con la mano. El Pomerania gruñó: Gurov volvió a pasarle la mano.

La señora miró hacia él, bajando enseguida los ojos.

—No muerde —dijo, y se sonrojó.

—¿Le puedo dar un hueso? —preguntó Gurov; y como ella asintiera con la cabeza, volvió a decir cortésmente—: ¿Hace mucho tiempo que está usted en Yalta?

—Cinco días.

—Yo llevo ya quince aquí.

Un corto silencio siguió a estas palabras.

—El tiempo pasa de prisa, y sin embargo, ¡es tan triste estos! —dijo ella sin mirarle.

—Es que se ha puesto de moda decir que esto es triste. Cualquier provinciano viviría en Belyov o en Lhidra sin estar triste, y cuando llega aquí exclama enseguida: ¡Qué tristeza! ¡Qué polvo! ¡Cualquiera diría que viene de Granada!

Ella se echó a reír. Luego, ambos siguieron comiendo en silencio, como extraños; pero después de comer pasearon juntos y pronto empezó entre ellos la conversación ligera y burlona de dos personas que se sienten libres y satisfechas, a quienes no importa ni lo que van a hablar ni hacia dónde han de dirigirse. Pasearon, y hablaron de la luz tan rara que había sobre el mar; el agua era de un suave tono malva oscuro, y la luna extendía sobre ella una estela dorada. Hablaron del bochorno que hacía después de un día de calor. Gurov le contó que había venido de Moscú, en donde tomó el grado en Artes, pero que era empleado de un Banco; que había estado como cantante en una compañía de ópera, abandonándola luego; que poseía dos casas en Moscú...

De ella supo que había sido educada en San Petersburgo, pero que vivía en S. desde su matrimonio, hacía dos años, y que todavía pasaría un mes en Yalta, donde se le reuniría tal vez su marido, que también necesitaba unos días de descanso. No estaba muy segura de si su marido tenía un puesto en el Departamento de la Corona o en el Consejo Provincial, y esta misma ignorancia parecía divertirle.

También supo Gurov que se llamaba Ana Sergeyevna.

Más tarde, una vez en su cuarto, pensó en ella; pensó que volvería a encontrársela al día siguiente; sí, necesariamente se encontrarían. Al acostarse recordó lo que ella le contara de sus años de colegio: había estado en él hasta hacía poco, estudiando lecciones como una niña. Y Gurov pensó en su propia hija. Recordaba también su desconfianza, la timidez de su sonrisa y sus modales, su manera de hablar a un extraño. Debía ser ésta la primera vez en su vida que se encontraba sola, examinada con curiosidad e interés; la primera vez también que al dirigirse a ella creyó adivinar en las palabras de los demás secretas intenciones... Recordó su cuello esbelto y delicado, sus encantadores ojos grises.

—Algo hay de triste en esta mujer —pensó, y se quedó dormido.

II

Una semana había pasado desde que hicieron amistad. Era un día de fiesta. Dentro de las casas hacía bochorno, mientras que en la calle el viento formaba remolinos de polvo y tiraba el sombrero a los transeúntes. Era un día de sed, y Gurov entró varias veces en el pabellón y ofreció a Ana Sergeyevna jarabe y agua o un helado. Nadie sabía qué hacer.

Por la tarde, cuando el viento se calmó un poco, salieron para ver venir el vapor. Había muchas personas paseando por el puerto; se habían reunido para recibir a alguien y llevaban ramos de flores. Se notaban allí dos peculiaridades de la gente elegante de Yalta: las señoras mayores iban como muchachas y había muchos generales vestidos de uniforme.

A causa de lo alborotado que estaba el mar, el vapor llegó muy tarde, después de la puesta del sol, y tardó mucho tiempo en atracar al muelle. Ana Sergeyevna miró a través de sus impertinentes al vapor y a los pasajeros como esperando encontrar algún conocido, y al volverse hacia Gurov sus ojos brillaban. Habló mucho y preguntaba cosas desacordes, olvidando al poco rato lo que había preguntado; al hacer un movimiento con la mano dejó caer los impertinentes al suelo.

La gente empezaba a dispersarse; estaba demasiado oscuro para ver las caras de los que pasaban.

El viento se había calmado por completo, pero Gurov y Ana Sergeyevna permanecían allí quietos como si esperasen ver salir a alguien más del vapor.

Ella olía en silencio las flores sin mirar a Gurov.

—El tiempo está mejor esta tarde —dijo él—. ¿Dónde vamos ahora?

Ella no contestó.

Entonces Gurov la miró intensamente, rodeó su cuerpo con el brazo y la besó en los labios, mientras respiraba la frescura y fragancia de las flores; luego miró a su alrededor ansiosamente, temiendo que alguien los hubiese visto.

—Vamos al hotel —dijo él dulcemente. Y ambos caminaron de prisa.

La habitación estaba cerrada y perfumada con la esencia que ella había comprado en el almacén japonés. Gurov miró hacia Ana Sergeyevna y pensó: "¡Cuán distintas personas encuentra uno en este mundo!" Del pasado, conservaba recuerdos de mujeres ligeras, de buen fondo algunas, que lo amaban alegremente agradeciéndole la felicidad que él podía darles, por muy breve que fuese; de mujeres, como la suya, que amaban con frases superfluas, afectadas, histéricas, con una expresión que hacía sospechar que no era amor ni pasión, sino algo más significativo; y de dos o tres más, hermosas, frías, en cuyos rostros sorprendió más de una vez destellos de rapacidad; el deseo obstinado de sacar de la vida aún más de lo que ésta podía darles. Eran mujeres irreflexivas, dominantes, faltas de inteligencia y de edad ya madura; cuando Gurov empezaba a mostrarse frío con ellas, esta misma hermosura excitaba su odio, figurándosele que los encajes con que adornaban su ropa eran para él escalas.

Pero en el caso actual sólo había la timidez de la juventud inexperta, un sentimiento parecido al miedo; y todo esto daba a la escena un aspecto de consternación como si alguien hubiera de repente llamado a la puerta. La actitud de Ana Sergeyevna —"la señora del perro"— en todo lo sucedido tenía algo de peculiar, de muy grave, como si hubiera sido su caída; así parecía, y resultaba extraño, inapropiado. Su rostro languideció, y lentamente se le soltó el pelo; en esta actitud de abatimiento y meditación se asemejaba a un grabado antiguo: *La mujer pecadora*.

—Hice mal —dijo—. Ahora usted será el primero en despreciarme.

Sobre la mesa había una sandía. Gurov cortó una tajada y empezó a comérsela sin prisa. Durante cerca de media hora ambos guardaron silencio.

Ana Sergeyevna estaba conmovedora; había en ella la pureza de la mujer sencilla y buena que ha visto poco de la vida.

La luz de la bujía iluminando su rostro mostraba, sin embargo, que se sentía desgraciada.

—¿Cómo es posible que yo llegara a despreciarla? —preguntó Gurov—. No sabe usted lo que dice.

—Dios me perdone —dijo ella; y sus ojos se llenaron de lágrimas—. Es horrible —añadió.

—Parece que necesita usted ser perdonada.

—¿Perdonada? No. Soy una mala mujer; me desprecio a mí misma y no pretendo justificarme. No es a mi marido, es a mí a quien he engañado. Y esto no es de ahora, hace mucho tiempo que me estoy engañando. Mi marido podrá ser bueno y honrado, pero ¡es un lacayo! No sé qué es lo que hace allí ni en lo que trabaja; pero sé que es un lacayo. Yo tenía veinte años cuando me casé con él. He vivido atormentada por un sentimiento de curiosidad; necesitaba algo mejor. Debe haber otra clase de vida, me decía a mí misma. Sentía ansias de vivir. ¡Vivir! ¡Vivir!... La curiosidad me abrasaba... Usted no me comprende, pero le juro a Dios que llegó un momento en que no pude contenerme; algo fuera de lo corriente debió ocurrirme, le dije a mi marido que estaba mala y me vine aquí... Y aquí he estado vagando de un lado a otro como una loca... y ahora me veo convertida en una mujer vulgar, despreciable, a quien todos mirarán mal.

Gurov se sintió aburrido casi al escucharla.

Le irritaba el tono ingenuo con que hablaba y aquellos remordimientos tan inoportunos; a no ser por las lágrimas hubiera creído que estaba representando una comedia.

—No la entiendo a usted —dijo dulcemente—. ¿Qué es lo que quiere?

Ella ocultó su rostro en el pecho de él estrechándolo tiernamente.

—Créame, créame usted, se lo suplico. Amo la existencia pura y honrada, odio el pecado. Yo no sé lo que estoy haciendo. La gente suele decir: "El demonio me ha tentado". Yo también pudiera decir que el Espíritu del Mal me ha engañado.

—¡Chist! ¡Chist!... —murmuró Gurov.

Después la miró fijamente, la besó, hablándole con dulzura y cariño, y poco a poco se fue tranquilizando, volviendo a estar alegre, y acabaron por reírse los dos. Cuando salieron afuera no había un alma a orillas del mar. La ciudad, con sus cipreses, tenía un aspecto mortuorio, y las olas se deshacían ruidosamente al llegar a la orilla; cerca de ella se balanceaba una barca, dentro de la que parpadeaba soñolienta una linterna.

Encontraron un coche y lo tomaron, yendo en dirección de Oreanda.

—He visto al pasar por el *hall* su apellido escrito en la lista, Von Diderits —dijo Gurov—. ¿Su marido es alemán?

—No; creo que su abuelo sí lo era, pero él es ruso ortodoxo.

En Oreanda se sentaron silenciosos en un sitio no lejos de la iglesia y mirando hacia el mar. Yalta apenas era visible a través de la bruma matinal; blancas nubes permanecían quietas en lo alto de las montañas. No se movía una hoja; en los árboles cantaban las cigarras, y sólo llegaba a ellos desde abajo el cavernoso y monótono ruido de las olas hablando de paz, de ese sueño eterno que a todos nos espera. Del mismo modo debía oírse cuando ni Yalta ni Oreanda existían; así se oye ahora, y se oirá con la misma monotonía cuando ya no vivamos. Y en esta constancia, en esta completa indiferencia para la vida y la muerte de cada uno de nosotros, ahí se oculta tal vez la garantía de nuestra eterna salvación, del movimiento incesante de la vida sobre el mundo, del progreso hacia la perfección. Sentado al lado de una mujer joven que en la luz del amanecer parecía tan encantadora, acariciada e idealizada por los mágicos alrededores —el mar, las montañas, las nubes, el cielo azul—, Gurov pensó lo hermoso que es todo en el mundo cuando se refleja en nuestro espíritu; todo, menos lo que pensamos o hacemos cuando olvidamos nuestra dignidad y los altos designios de nuestra existencia.

Un hombre pasó cerca de ellos —un guardia probablemente—, los miró, y siguió adelante.

Y este detalle les parecía misterioso y lleno de encanto también. Luego vieron un vapor que venía de Teodosia, cuyas luces brillaban confundidas con las del amanecer.

—Hay gotas de rocío sobre la hierba —dijo Ana Sergeyevna después de un silencio.

—Sí. Es hora de volver a casa.

Y regresaron a la ciudad.

Desde entonces volvieron a verse todos los días a las doce; comían juntos, se aseaban; contemplaban el mar. Ella se quejaba de dormir mal, sentía palpitaciones en el corazón; le hacía las mismas preguntas, interrumpidas a veces por celos, otras por el miedo de que Gurov no la respetara bastante. Y a menudo, en los jardines, a orillas del agua, cuando se encontraban solos, él la besaba apasionadamente. Aquella vida reposada, aquellos besos en pleno día mientras miraba alrededor por temor de ser visto, el calor, el olor del mar y el continuo ir y venir de gente desocupada, perfumada, bien vestida, hicieron de Gurov otro hombre. Encontraba a Ana Sergeyevna hermosa, fascinadora, y así se lo repetía a ella. Se volvió impaciente y apasionado hasta el punto de no querer separarse de su lado, y ella, mientras tanto, seguía pensativa y continuamente le decía que no la respetaba bastante, que no la amaba lo más mínimo y que seguramente pensaría de ella como de una mujer cualquiera. Todos los días a la caída de la tarde se iban en coche fuera de Yalta, a Oreanda o a la cascada, y estos paseos eran siempre un triunfo para ellos; la escena los impresionaba invariablemente como algo magnífico y hermosísimo.

Esperaban al marido que debía venir pronto; pero un día llegó una carta en la que anunciaba que se encontraba mal y suplicaba a su esposa que volviera cuanto antes. Ana Sergeyevna se preparó, pues, a marcharse.

—Es una buena cosa el que yo me vaya —le dijo a Gurov—. "¡Es el dedo del Destino!"

El día de la marcha, Gurov la acompañó en el coche. Cuando llegaron al tren y sonó la segunda campanada, Ana Sergeyevna le dijo:

—¡Déjame mirarte una vez más... otra vez! Así, ya está.

No lloraba, pero en su rostro se reflejaba tal tristeza que parecía enferma; los labios le temblaban.

—Me acordaré de ti siempre..., pensaré siempre en ti —dijo—. Que Dios te proteja; sé feliz. No pienses nunca mal de mí. Nos separamos para no volvernos a ver más; así debe ser porque nunca debimos habernos encontrado. Que Dios sea contigo. Adiós.

El tren partió rápido, sus luces desaparecieron pronto de la vista; y un minuto más tarde no se oía ni el ruido, como si todo hubiera conspirado, para hacer terminar lo antes posible aquel dulce delirio, aquella locura. Solo, en el andén, mirando hacia donde el tren desapareció, Gurov escuchó el chirrido de las cigarras, el zumbido de los hilos del telégrafo, y le pareció que acababa de despertarse. Y meditó sobre este episodio de su vida que también tocaba a su fin, y del que sólo el recuerdo quedaba... Se sintió conmovido, triste y con remordimientos. Aquella mujer que nunca más volvería a encontrar no fue feliz con él, porque aunque la trató con afecto y cariño, hubo siempre en sus maneras, en sus caricias, una ligera sombra de ironía, la grosera condescendencia de un hombre feliz que, además, le doblaba la edad. Ana Sergeyevna lo llamó siempre bueno, distinto de los demás, sublime a veces...; constantemente se había mostrado a ella como no era en realidad; sin intención la había engañado.

Un vago perfume de otoño se dejaba ya sentir en la atmósfera; hacía una tarde fría y triste.

—Es hora de que me marche al norte —pensó Gurov al dejar el andén—. ¡Sí, ya es hora!

III

En su casa de Moscú lo encontró todo en plan de invierno; las estufas estaban encendidas; y por las mañanas aún era oscuro cuando sus hijos tomaban el desayuno para irse al colegio, tanto que la niñera tenía que encender la luz un rato. Habían empezado las heladas. Cuando cae la primera nieve y aparecen los primeros trineos, es agradable ver la tierra blanca, los blancos tejados, exhalar el tibio aliento, y la estación trae a la memoria los años juveniles. Las viejas limas y abedules, cubiertos de escarcha, tienen una expresión simpática y están más cerca de nuestro corazón que los cipreses y las palmas. Junto a ellos se olvidan el mar y las montañas.

Gurov había nacido en Moscú; llegó a él en un bello día de nieve, y al ponerse su abrigo de pieles y sus guantes, al pasearse por Petrovka, al oír el domingo por la tarde el sonido de las campanas, se olvidó del encanto de su reciente aventura y del sitio que dejara. Poco a poco se absorbió en la vida de Moscú; leía con avidez los periódicos ¡y declaraba que los leía sin fundamento! En seguida lo invadió un deseo irresistible de ir a los restaurantes, a los clubes, a las comidas, aniversarios y fiestas, se sintió orgulloso de hablar y discutir con célebres abogados, con artistas, de jugar a las cartas con algún profesor en el club de doctores. Ya podía hasta comer un plato de pescado salado o una col...

Al cabo de un mes, le pareció que la imagen de Ana Sergeyevna había de cubrirse de una bruma en su memoria y visitarle en sueños de cuando en cuando, con una sonrisa, como hacían otras. Pero pasó más de un mes, llegó el verdadero invierno, y recordaba todo aquello tan claramente como si se hubiera separado de Ana Sergeyevna el día antes. Estos recuerdos, lejos de morir, se avivaron con el tiempo. En la tranquilidad de la tarde, al oír las palabras de los niños estudiando en alta voz, o el sonido del piano en un restaurante, o el ruido de la tormenta que llegaba por la chimenea, volvía de repente todo a su memoria: lo ocurrido en el muelle la mañana de niebla junto a las montañas, el vapor que volvía de Teodosia y los besos. Gurov se levantaba entonces y paseaba por su habitación recordando y sonriendo; luego, sus recuerdos se convertían en ilusiones, y en su fantasía el pasado se mezclaba al porvenir. Ana Sergeyevna no lo visitaba ya en sueños, lo seguía por todas partes como una sombra, como un fantasma. Al cerrar los ojos la veía como si estuviese viva delante de él, y Gurov la encontraba más encantadora, más joven, más tierna de lo que en realidad era, imaginándosela aún más hermosa de lo que estaba en Yalta. Por la tarde, Ana Sergeyevna lo miraba desde el estante de los libros, desde el hogar de la chimenea, desde cualquier rincón oía su respiración y el roce acariciador de sus faldas. En la calle miraba a todas las mujeres buscando alguna que se pareciese a ella.

Un deseo intenso de comunicar a alguien sus ideas lo atormentaba. Pero en su casa era imposible hablar de su amor, y fuera de ella tampoco tenía a nadie; ni a sus compañeros de oficina ni a ninguno en el Banco podía contárselo. ¿De qué iba a hablar entonces? Pero, ¿es que había estado enamorado? ¿Hubo algo de poético, de edificante, o simplemente de interés en sus relaciones con Ana Sergeyevna? Y todo se le volvía hablar vagamente de amor, de mujer, y nadie sospechaba nada; sólo su esposa fruncía el entrecejo y decía:

—No te va el papel de conquistador, Dimitri.

Una tarde, al volver del club de doctores con un oficial, con el que había estado jugando a las cartas, no se pudo contener y le dijo:

—¡Si supieras la mujer tan fascinadora que conocí en Yalta!

El oficial entró en su trineo, y se iba ya, pero se volvió de pronto exclamando:

—¡Dmitri Dmitrich!

—¿Qué?

—¡Tenías razón esta tarde, el esturión era demasiado fuerte!

Aquellas palabras tan corrientes llenaron a Gurov de indignación, encontrándolas degradantes y groseras. ¡Qué modo tan salvaje de hablar! ¡Qué noches más estúpidas, qué días más faltos de interés! El afán de las cartas, la glotonería, la bebida, el continuo charlar siempre sobre lo mismo. Todas estas cosas absorben la mayor parte del tiempo de muchas personas, la mejor parte de sus fuerzas, y al final de todo eso, ¿qué queda?, una vida servil, acortada, trivial e indigna, de la que no hay medio de salir, como si se estuviera encerrado en un manicomio o una prisión.

Gurov no durmió en toda la noche, tan lleno de indignación estaba. Al día siguiente se levantó con dolor de cabeza. Y a la otra noche volvió a dormir mal; se sentó en la cama, pensando; luego se levantó y empezó a pasearse por la habitación. Estaba harto de sus hijos, del Banco, y sin ganas de ir a ningún sitio ni de ver a nadie.

En las vacaciones de diciembre se preparó para un viaje. Le dijo a su mujer que iba a San Petersburgo a un asunto de un amigo y se marchó a S. ¿Para qué? Ni él mismo lo sabía. Sentía necesidad de ver a Ana Sergeyevna y de hablarle; de ser posible, arreglar una entrevista con ella.

Llegó a S. por la mañana y tomó el mejor cuarto del hotel, un cuarto con una alfombra gris en el suelo, y un tintero gris de polvo sobre la mesa, adornado con una figura a caballo que tenía el sombrero en la mano. El portero del hotel le informó necesariamente: Von Diderits vivía en una casa de su propiedad en la calle antigua de Gontcharny, no estaba lejos del hotel. Era rico y vivía a lo grande, tenía caballos propios; todo el mundo lo conocía en la ciudad. El portero pronunciaba "Dridirits".

Gurov se encaminó sin prisa a la calle de Gontcharny y encontró la casa. Enfrente de ella se extendía una larga valla gris adornada con clavos.

—Dan ganas de echar a correr al ver este demonio de valla —pensó Gurov, mirando desde allí a las ventanas de la casa y viceversa.

Luego recapacitó: era día de fiesta y el marido estaría en casa probablemente. De todos modos era una falta de tacto entrar en la casa y sorprenderla. Si le mandaba una carta, podía caer en manos del esposo y todo se echaría a perder. Lo mejor de todo era esperar una ocasión, y empezó a pasearse arriba y abajo por la calle, esperando esa ocasión. Vio a un mendigo que se acercaba a la verja y a unos perros que salieron a ladrarle; una hora más tarde oyó débil e indistinto el sonido de un piano. Ana Sergeyevna debía tocar probablemente. De repente, se abrió la puerta, y una mujer vieja acompañada del blanco y familiar Pomerania salió de la casa. Gurov estuvo a punto de llamar al perro, pero empezó a latirle violentamente el corazón, y en su excitación no pudo recordar el nombre.

Siguió paseándose y midiendo la empalizada gris una y otra vez, y entonces le dio por pensar que Ana Sergeyevna lo había olvidado y se estaba a aquellas horas divirtiendo con otro, lo cual, al fin y al cabo, era natural en una mujer joven, que no tenía otra cosa que mirar desde por la mañana hasta la noche más que aquella condenada valla. Se volvió a su cuarto del hotel y estuvo largo rato sentado en el sofá sin saber qué hacer; luego comió y durmió bastante tiempo.

—¡Qué estúpido! —exclamó al despertarse y mirar por la ventana—. Sin venir a qué me he quedado dormido y ahora ya es de noche. ¿Qué hago?

Se sentó en la cama, que estaba cubierta por una colcha gris como las de los hospitales, y empezó a burlarse de sí mismo; sentía un fastidio terrible.

—¡Al diablo la señora del perro y la dichosa aventura! En buen lío te has metido, Gurov...

Aquella mañana le había llamado la atención un cartel con letras muy grandes. *La geisha* iba a ser representada por primera vez. Al recordar esto, se vistió y se marchó al teatro.

—Es posible que ella vaya a la primera representación —pensó.

El teatro estaba lleno. Como en todos los de provincia, había una atmósfera muy pesada, una especie de niebla que flotaba sobre las luces; por las galerías se oía el rumor de la gente; en la primera fila, los pollos elegantes de la localidad estaban de pie mirando a la gente, antes de levantarse el telón. En el palco del gobernador, su hija, adornada con un boa, ocupaba el primer sitio, mientras que él oculto modestamente detrás de la cortina, sólo dejaba visibles las manos. La orquesta empezó a afinar los instrumentos; el telón se levantó. Seguía entrando gente que iba a ocupar sus sitios, y Gurov los miraba uno a uno con ansia.

Ana Sergeyevna llegó también. Se sentó en la tercera fila y Gurov sintió que su corazón se contraía al mirarla y comprendió entonces claramente que para él no había en todo el mundo ninguna criatura tan querida como aquélla; aquella mujercita sin atractivos de ninguna clase, perdida en la sociedad de provincia, con sus vulgares impertinentes, llenaba toda su vida; era su pena y su alegría, la única felicidad que ambicionaba, y al oír la música de la orquesta y el sonido de los pobres violines provincianos, pensó cuán encantadora era. Pensó, y soñó...

Un hombre joven, con patillas, alto y encorvado, llegó con Ana Sergeyevna y se sentó a su lado; inclinaba la cabeza a cada paso y parecía estar continuamente haciendo reverencias. Debía ser sin duda el esposo, que una vez en Yalta, en una exclamación de amargura, llamó ella lacayo; sonreía almibaradamente y en el ojal de la americana llevaba una insignia o distinción que recordaba el número de un criado.

En el primer descanso, el marido se salió fuera a fumar y Ana Sergeyevna se quedó sola en la butaca. Gurov se acercó a ella y con voz temblorosa y una sonrisa forzada le dijo:

—Buenas noches.

Al volver la cabeza y encontrarse con él, Ana Sergeyevna se puso intensamente pálida, lo miró otra vez horrorizada casi y estrujó el abanico y los impertinentes entre las manos como luchando para no desmayarse. Los dos guardaban silencio. Ella seguía sentada, él de pie, asustado por la confusión que su presencia le produjo, y no atreviéndose a sentarse a su lado.

Los violines y la flauta empezaron a sonar, y de repente Gurov sintió como si de todos los palcos los estuvieran mirando. Ana Sergeyevna se levantó marchando rápida hacia la puerta; siguió él, y ambos empezaron a andar sin saber adónde iban, a través de pasillos, bajando y subiendo escaleras, viendo desfilar ante sus ojos uniformes escolares, civiles, militares, todos con insignias. Veían al pasar señoras, abrigos de piel colgados en las perchas, y el aire les traía olor a tabaco viejo. Y Gurov, cuyo corazón latía con violencia, pensó:

—¡Cielos! ¿Para qué habrá aquí esta gente y esa orquesta?

Y recordó en aquel instante cuando después de marcharse Ana Sergeyevna de Yalta creyó él que todo había terminado y que no volverían a encontrarse más. Pero ¡cuán lejos estaban del final!

Al pie de una escalera estrecha y sombría, sobre la que se leía: "Paso al anfiteatro", se detuvieron.

—¡Cómo me has asustado! —exclamó ella sin respiración casi, todavía pálida y como agobiada—. ¡Oh, cómo me has asustado! Estoy medio muerta. ¿Por qué has venido? ¿Por qué?...

—Pero escúchame, Ana, escúchame... —repetía Gurov rápidamente y en voz baja—. Te suplico que me escuches...

Ella lo miraba con temor mezclado de amor y de súplica; lo miraba intensamente como si quisiera grabar sus facciones más profundamente en su memoria.

—¡Soy tan desgraciada! —siguió diciendo sin escucharle—. No he hecho más que pensar en ti todo el tiempo; no vivo más que para eso. Y sin embargo necesitaba olvidar, olvidar, pero ¿por qué? ¡Ah!, ¿por qué has venido?

En el piso de arriba dos colegiales fumaban mirando hacia abajo, pero a Gurov no le importaba nada; atrayendo hacia sí a Ana Sergeyevna empezó a besarle la cara, las mejillas y las manos.

—¡Qué estás haciendo! ¡Qué estás haciendo! —gritaba ella con horror, apartándolo—. Estamos locos. Vete; vete ahora mismo... Te lo pido por lo que más quieras... Te lo suplico. ¡Que viene gente!

Alguien subía por las escaleras.

—Es preciso que te vayas —siguió diciendo Ana Sergeyevna, y su voz parecía un susurro—. ¿Oyes, Dmitri Dmitrich? Iré a verte a Moscú. Nunca he sido feliz; ahora lo soy menos todavía, y ¡nunca, nunca seré dichosa!... No me hagas sufrir más. Te juro que iré a Moscú. Pero ahora separémonos. Mi amado Gurov, no hay más remedio.

Estrechó su mano y empezó a bajar las escaleras muy de prisa, volviendo atrás la cabeza; y en sus ojos pudo él ver que realmente era desgraciada. Gurov esperó un poco más, escuchó hasta que dejó de oírse el rumor de sus pasos, y entonces fue a buscar su abrigo y se marchó del teatro.

IV

Y Ana Sergeyevna empezó a ir a verlo a Moscú.

Cada dos o tres meses abandonaba S., diciendo a su esposo que iba a consultar a un doctor acerca de un mal interno que sentía. Y el marido le creía y no le creía. En Moscú paraba en el hotel del Bazar Eslavo y desde allí enviaba a Gurov un mensajero con una gorra encarnada.

Gurov la visitaba y nadie en Moscú lo sabía.

Una mañana de invierno se dirigía hacia el hotel a verla (el mensajero llegó la noche anterior). Iba con él su hija, a quien acompañaba al colegio. La nieve caía en grandes copos blancos.

—Hay tres grados sobre cero y sin embargo nieva —dijo Gurov a su hija—. Sólo hay deshielo en la superficie de la tierra; a mucha más altura de la atmósfera la temperatura es distinta completamente.

—¿Y por qué no hay tormentas en invierno, papá?

Y le explicó eso también.

Hablaba pensando que iba a verla a ella, que nadie lo sabía y probablemente no se enterarían nunca. Tenía dos vidas: una franca, abierta, vista y conocida de todo el que quisiera, llena de franqueza relativa y relativa falsedad, una vida igual a la que llevaban sus amigos y conocidos; y otra que se deslizaba en secreto. Y a través de circunstancias extrañas, quizás accidentales, resultaba que cuanto había en él de verdadero valor, de sinceridad, todo lo que formaba el fondo de su corazón estaba oculto a los ojos de los demás; en cambio, cuanto había en él de falso, el estuche en que solía esconderse para ocultar la verdad —como por ejemplo su trabajo en el Banco, sus discusiones en el club, aquello de la raza inferior, su asistencia acompañado de su mujer a aniversarios y fiestas—, todo eso lo hacía delante de todo el mundo. Desde entonces, juzgó a los otros por sí mismo, no creyendo en lo que veía y pensando siempre que cada hombre vive su verdadera vida en secreto, bajo el manto de la noche. La personalidad queda siempre ignorada, oculta, y tal vez por esta razón el hombre civilizado tiene siempre interés en que sea respetada.

Después de dejar a su hija en el colegio, Gurov se dirigió al Bazar Eslavo. Se quitó abajo el abrigo de pieles, subió las escaleras y llamó a la puerta. Ana Sergeyevna, vestida con su traje gris favorito, exhausta por el viaje y la espera, lo aguardaba desde la noche anterior. Estaba pálida; lo miró sin sonreír, y apenas había entrado se arrojó en sus brazos. Fue su beso lento, prolongado, como si hiciera años que no se veían.

—Y bien, ¿qué tal lo vas pasando allí? —preguntó Gurov—. ¿Qué noticias traes?

—Espera, ahora te contaré ..., no puedo hablar.

Y no podía, estaba llorando. Se volvió de espaldas a él llevándose el pañuelo a los ojos.

"La dejaremos llorar. Me sentaré y esperaré" —pensó Dmitri, y se sentó en una butaca.

Mientras tanto llamó al timbre y pidió que le trajeran té. Ana Sergeyevna seguía de espaldas a él mirando la ventana. Lloraba de emoción, al darse cuenta de lo triste y dura que era la vida para ambos; sólo podían verse en secreto, ocultándose de todo el mundo, como ladrones. Sus vidas estaban destrozadas.

—¡Ven, cállate! —dijo Gurov.

Para él era evidente que aquel amor tardaría mucho en acabarse; que no podía encontrarle fin. Ana Sergeyevna cada vez lo quería más. Lo adoraba y no había que pensar en decirle que aquello se acabaría alguna vez; por otra parte, no lo hubiera creído.

Se levantó a consolarla con alguna palabra de cariño, apoyó las manos en sus hombros y en aquel momento se vio en el espejo.

Empezaba a blanquearle la cabeza. Y le pareció raro haber envejecido tan rápida y tontamente durante los últimos años. Aquellos hombros sobre los que reposaban sus manos eran jóvenes, llenos de vida y calor, temblaban.

Sintió compasión por aquella vida todavía tan joven, tan encantadora, pero probablemente no lejos de marchitarse como la suya. ¿Por qué lo amaba ella tanto? Siempre había parecido a las mujeres distinto de como era en realidad, amaban, no a él mismo, sino al hombre que se habían forjado en su imaginación, a aquél a quien con ansia buscaran toda la vida; y después, al notar su engaño, lo seguían amando lo mismo. Sin embargo, ninguna fue feliz con él. El tiempo pasó, hizo amistad con ellas, vivió con algunas, se separó luego, pero nunca había amado; sería lo que quisiera, pero no era amor.

Y he aquí que ahora, cuando su cabeza empezaba a blanquear, se había realmente enamorado por primera vez en su vida.

Ana Sergeyevna y él se amaban como algo muy próximo y querido, como marido y mujer, como tiernos amigos; habían nacido el uno para el otro y no comprendían por qué ella tenía un esposo y él una esposa. Eran como dos aves de paso obligadas a vivir en jaulas diferentes. Olvidaron el uno y el otro cuanto tenían por qué avergonzarse en el pasado, olvidaron el presente, y sintieron que aquel amor los había cambiado.

Otras veces, en momentos de depresión moral, Gurov se había reconfortado a sí mismo con razonamientos de alguna clase; pero ahora no le preocupaban estas cosas; sentía profunda compasión, necesidad de ser sincero y tierno...

—No llores, querida —le dijo—. Ya has llorado bastante, vamos.. Ven y hablaremos un poco, arreglaremos algún plan.

Entonces discutieron sobre la necesidad de evitar tanto secreto, el tener que vivir en ciudades diferentes y verse tan de tarde en tarde. ¿Cómo librarse de aquel intolerable cautiverio?...

—¿Cómo? ¿Cómo? —preguntábase Gurov con la cabeza entre las manos—. ¿Cómo?...

Y parecía como si dentro de pocos momentos todo fuera a solucionarse y una nueva y espléndida vida empezara para ellos; y ambos veían claramente que aún les quedaba un camino largo, largo, que recorrer, y que la parte más complicada y difícil no había hecho más que empezar.

 MAUPASSANT (1850 - 1893)

GUY DE MAUPASSANT

Nació en Francia en 1850. Su país y el mundo lo consideran como uno de los maestros más importantes del naturalismo. Su novela *Bel Ami*, amena y realista, con personajes admirablemente observados, como Jorge Duroy, representativo de un "chulo".

Otras obras fundamentales de este escritor son *La gordiflona* y *Una vida*. Maupassant retrata el egoísmo humano, la hipocresía, la soledad, y hasta la crueldad. Murió en 1893.

 MAUPASSANT (1850 - 1893)

FELICIDAD PERDIDA

A León Dierx

l señor Saval, a quien en Nantes llaman el "tío Saval", acaba de levantarse. Llueve. Es un día triste de otoño; caen las hojas. Caen lentamente, entre la lluvia, como una lluvia más espesa y más lenta. El señor Saval no está alegre. Va de la chimenea a la ventana y de la ventana a la chimenea. La vida tiene días sombríos. ¡Ya no tendrá para él más que días sombríos, pues ha cumplido sesenta y dos años! Es viejo, solterón, nadie le cuida. ¡Cuán triste es morir así, solo, sin una afección cariñosa!

Piensa en su existencia desnuda, vacía. Se acuerda de lo pasado, de su lejana infancia, de su casa, la casa de sus padres. Luego del colegio, de los días de salida, de sus estudios universitarios en París. Luego, de la enfermedad de su padre, de su muerte.

Volvió al lado de su madre y vivieron ambos, el joven y la anciana, apaciblemente, sin desear nada más. También murió su madre. ¡Cuán triste es la vida!

Quedó solo. Y ahora pronto morirá a su vez. Desaparecerá, y todo habrá terminado. Ya no vivirá el señor Pabio Saval. ¡Qué horrible! Otras gentes vivirán, amarán, reirán. ¡Sí, se divertirán y él ya no existirá! Raro es que se pueda vivir, reír, divertirse a pesar de esa horrible certidumbre de la muerte. Si fuese sólo probable, podríase aún esperar; pero no, es inevitable, tan inevitable como la noche después del día.

¡Si por lo menos su existencia hubiese sido fecunda! ¡Si hubiese hecho algo, si hubiese tenido aventuras, obtenido triunfos, grandes placeres, satisfacciones de toda especie! No, nada. Nada hizo jamás, fuera de levantarse, comer y acostarse a la misma hora. Y así llegó a los sesenta y dos años. Ni siquiera se había casado como los demás hombres. ¿Por qué? Sí, ¿por qué no se había casado? Hubiera podido hacerlo, porque poseía algunos bienes. ¿Acaso le faltó ocasión? Quizá. Pero esas ocasiones se buscan. La culpa de todo estribaba en su pereza. La pereza fue su gran enemigo, su defecto, su vicio. ¡Cuántos hombres malbaratan su existencia por pereza! Para muchos resulta difícil levantarse, moverse, ocuparse en algo, hablar, estudiar asuntos.

Ni siquiera fue amado. Ninguna mujer había dormido sobre su pecho en un completo abandono de amor. No conocía las angustias deliciosas del que espera, el divino estremecimiento de la mano que se estrecha, el éxtasis de la pasión vencedora.

¡Cuán sobrehumana dicha debe inundar el corazón cuando los labios se encuentran por vez primera, cuando el apretón de cuatro brazos hace un solo ser, un ser soberanamente dichoso, de dos seres enloquecidos uno por el otro!

El señor Saval estaba sentado, con los pies junto al fuego, cubierto por una bata.

Sí, su vida resultaba perdida, perdida del todo. Sin embargo, él había amado. Había amado secretamente, dolorosa, perezosamente como de costumbre. Sí, había amado a su antigua amiga la señora de Sandres, la esposa de su viejo camarada Sandres. ¡Ah! ¡Si la hubiese conocido de soltera! Pero llegó demasiado tarde, cuando ya era casada. A aquella sí que la pidiera en matrimonio. ¡Cuánto la amó, sin tregua, desde el primer día!

Recordaba su emoción cada vez que la veía, su tristeza al dejarla, las noches sin sueño que pasó pensando en ella.

Por las mañanas se sentía menos enamorado que por las noches. ¿Por qué?

¡Cuán linda era en otro tiempo, cuán graciosa y rubia y sonriente! Sandres no era el hombre que necesitaba. Ahora tenía cincuenta y ocho años. Parecía dichosa. ¡Ah! ¡Si le hubiera amado en otro tiempo! ¡Si le hubiera amado! Y ¿por qué no amarle a él ya que había podido amar a Sandres?

¡Si siquiera hubiese adivinado algo!...

¿Nada adivinó, nada vio, no comprendió nada? En tal caso, ¿qué hubiera pensado? ¿Qué le contestara si él hubiese hablado?

Y Saval se hacía mil y otras preguntas. Volvía a vivir su existencia tratando de recordar infinidad de detalles.

Recordaba las largas veladas que pasó en casa de Sandres jugando al *ecarté*, cuando su esposa era joven y encantadora.

Recordaba las cosas que ella le dijera, las entonaciones de su voz, las sonrisas mudas que le dirigía y que tantas cosas significaban.

Recordaba los paseos de los tres a lo largo del Sena, sus almuerzos sobre la hierba, los domingos, porque Sandres estaba empleado en la subprefectura. Y de súbito se le apareció el recuerdo preciso de una tarde pasada con ella en un bosquecillo de la orilla del río.

Habían marchado de mañana, llevando empaquetadas las provisiones. Era un alegre día de primavera, uno de esos días que embriagan. Todo huele bien, todo parece dichoso. Los pájaros lanzan gritos más alegres, aletean con más fuerza. Habían comido sobre el musgo, bajo los sauces, junto al agua, dormida al calor del sol. El aire era templado, henchido de los olores de las savias y se aspiraba con deleite. ¡Cuán hermoso día!

Después de comer Sandres se había dormido a la bartola. "He echado el mejor sueño de mi vida", diría al despertar.

La señora Sandres había tomado el brazo de Saval y ambos habíanse alejado por la orilla del río.

La joven se apoyaba en él. Reía y decía:

—Estoy achispada, amigo mío, achispada del todo. —El la miraba estremecido hasta lo más profundo de su ser, sintiendo que palidecía, temiendo que sus ojos fueran demasiado atrevidos y que el temblor de su mano revelara su secreto.

La joven se había tejido una corona con largas hierbas y lirios de agua y le preguntó:

—¿Le gusto a usted así?

Y como él no contestaba, pues no sabía qué decir y antes hubiese caído de rodillas, ella se echó a reír como a regañadientes y le dijo:

—¡Anda, tonto! ¡Por lo menos se habla!

Poco le faltó para que se echase a llorar, pues no se le ocurría una palabra. Ahora se le representaba aquella escena con tanta precisión como cuando ocurrió. ¿Por qué le habría dicho aquello: "¡Anda, tonto! ¡Siquiera se habla!"?

Recordó cuán tiernamente se apoyaba en él. Al pasar bajo una rama baja, había sentido el contacto de su oreja y se había apartado bruscamente, temiendo que ella creyera que aquel contacto fuera intencionado.

Cuando le dijo: "¿No le parece que ya podemos volver?", lanzóle ella una ojeada singular. Sí, le había mirado de una manera extraña. Entonces no se fijó en ello, y ahora lo recordaba.

—Como usted quiera, amigo mío; si está usted cansado, volvámonos.

Contestó:

—No es que esté cansado; pero Sandres quizá se ha despertado ya.

Y ella contestó encogiéndose de hombros:

—Si teme usted que mi marido se haya despertado, volvámonos.

Al volver estaba callada y no se apoyaba en su brazo. ¿Por qué?

Aquel "por qué" no lo había formulado nunca. Ahora creía ver algo que entonces no comprendiera.

¿Acaso...?

El señor Saval se ruborizó y se levantó trastornado como si treinta años antes hubiera oído que la señora de Sandres le decía: " Le amo a usted!"

¿Era posible? Aquella duda que penetrara en su alma le atormentaba. ¿Era posible que no hubiese visto, que no hubiese adivinado?

¡Ah! ¡Si fuera cierto, si hubiera pasado rozando aquella dicha sin adivinarla!

Se dijo: "Quiero saberlo. No puedo soportar esta duda. Es preciso que lo sepa".

Se vistió con rapidez. Pensaba: "Tengo sesenta y dos años y ella tiene cincuenta y ocho, bien puedo preguntárselo".

Y salió.

La casa de Sandres estaba al otro lado de la calle casi enfrente de la suya. Fue allí. Una criadita le salió a abrir en cuanto sonó el picaporte.

Se admiró de verle tan temprano.

—¿Tan pronto, señor Saval? ¿Le ha ocurrido algo?

—No, hija mía —contestó Saval—; pero avisa a tu ama que desearía hablarle enseguida.

—Es que la señora está haciendo confitura de peras para el invierno, y está en la cocina sin arreglar.

—Bueno; no importa; dile que se trata de un asunto muy importante.

La criadita se marchó y Saval empezó a pasear por la sala con paso nervioso. No se sentía nada turbado, sin embargo. Le preguntaría aquello como le preguntara el modo de hacer un guiso. ¡Ya tenía sesenta y dos años!

Se abrió la puerta, que dio paso a la señora Sandres. Era actualmente una mujer rolliza, de abultados carrillos, de risa sonora. Andaba con los brazos separados del cuerpo y arremangados mostrando la piel manchada con gotitas de almíbar. Preguntó con inquietud:

—¿Qué tiene usted, amigo mío? ¿Se siente enfermo, acaso?

—No, querida amiga—contestó—; pero deseo preguntarle una cosa que para mí tiene suma importancia y que me atormenta. ¿Promete usted contestarme con toda franqueza?

Se sonrió.

—Siempre soy franca; diga usted.

—Allá voy. La amé a usted desde que la conocí. ¿Lo adivinó usted?

Riendo y con un acento que parecía algo de otro tiempo, contestó:

—¡Anda, tonto! Lo vi desde el primer día.

Saval se echó a temblar y balbuceó:

—¿Lo sabía usted...? Entonces...

Y calló.

Ella preguntó a su vez:

—Entonces... ¿Qué?

Saval repuso:

—Entonces... ¿qué pensaba usted?... ¿qué, qué... habría usted contestado?

Ella se rió con más ganas. Gotitas de almíbar, resbalando por los dedos, caían en el suelo.

—¿Yo?... usted no me preguntó nada. Supongo que no me tocaba a mí hacerle una declaración.

Saval dio un paso hacia ella.

—Diga... dígame... ¿Se acuerda usted de aquel día que Sandres se durmió entre la hierba después de comer... en que fuimos los dos solos por la orilla del río, lejos...?

Esperó. La señora Sandres no reía ya y le miraba con fijeza.

—Sí, lo recuerdo; ya lo creo.

Saval añadió estremeciéndose:

—Y si... aquel día... si me hubiese... si me hubiese atrevido... ¿qué hubiera hecho usted?

Se echó a reír a fuer de mujer que de nada se arrepiente y contestó con franqueza, con voz clara y con una punta de ironía:

—Hubiese cedido, amigo mío.

Luego volvió la espalda y corrió hacia la cocina.

Saval salió a la calle abatido como después de un desastre. Andaba a grandes zancadas, sin cuidarse de la lluvia, bajando hacia el río, sin pensar adónde iba. Cuando llegó a la orilla, tomó a la derecha y la siguió. Anduvo largo rato, como impulsado por el instinto. Tenía el traje empapado en agua y el sombrero goteábale como un tejado. Andaba sin cuidarse de la fatiga. Por fin llegó al sitio donde almorzaron años antes el día aquel cuyo recuerdo le martirizaba.

Entonces se sentó bajo los árboles sin hojas, y lloró.

 PAYNO (1810 - 1894)

MANUEL PAYNO

Nació en ciudad de México, en 1810. Alternó su vida como novelista y como político, y ocupó altos cargos en México. Fue diplomático e inclusive Ministro de Hacienda repetidas veces. Se vinculó al golpe de Estado de 1857 y apoyó el Imperio de Maximiliano. Fue perseguido por sus inclinaciones políticas.

Como literato contribuyó con importantes libros al divulgar el costumbrismo y la novela en folletines. Entre sus obras está: *Los bandidos de Río frío*, y *El hombre de la situación*. Murió en 1894.

 PAYNO (1810 - 1894)

AMOR SECRETO

ucho tiempo hacía que Alfredo no me visitaba, hasta que el día menos pensado se presentó en mi cuarto. Su palidez, su largo cabello que caía en desorden sobre sus carrillos hundidos, sus ojos lánguidos y tristes y, por último, los marcados síntomas que le advertían de una grave enfermedad me alarmaron sobremanera, tanto, que no pude evitar el preguntarle la causa del mal, o mejor dicho, el mal que padecía.

—Es una tontería, un capricho, una quimera lo que me ha puesto en este estado; en una palabra, es un amor secreto.

—¿Es posible?

—Es una historia —prosiguió— insignificante para el común de las gentes; pero quizá tú la comprenderás; historia, te repito, de esas que dejan huellas tan profundas en la existencia del hombre, que ni el tiempo tiene poder para borrar.

El tono sentimental, a la vez que solemne y lúgubre de Alfredo, me conmovió al extremo; así es que le rogué me contase esa historia de su amor secreto, y él continuó:

—¿Conociste a Carolina?

—¡Carolina!... ¿Aquella jovencita de rostro expresivo y tierno, de delgada cintura, pie breve?...

—La misma.

—Pues en verdad la conocí y me interesó sobremanera... pero...

A esa joven —prosiguió Alfredo— la amé con el amor tierno y sublime con que se ama a una madre, a un ángel; pero parece que la fatalidad se interpuso en mi camino y no permitió que nunca le revelara esta pasión ardiente, pura y santa, que habría hecho su felicidad y la mía.

La primera noche que la vi fue en un baile; ligera, aérea y fantástica como las sílfides, con su hermoso y blanco rostro lleno de alegría y de entusiasmo. La amé en el mismo momento, y procuré abrirme paso entre la multitud para llegar cerca de esa mujer celestial, cuya existencia me pareció desde aquel momento que no pertenecía al mundo sino a una región superior; me acerqué temblando, con la respiración trabajosa, la frente bañada de un sudor frío... ¡Ah!, el amor, el amor verdadero es una enfermedad bien cruel. Decía, pues, que me acerqué y procuré articular algunas palabras, y yo no sé lo que dije, pero el caso es que ella con una afabilidad indefinible me invitó que me sentase a su lado; lo hice, y abriendo sus pequeños labios pronunció algunas palabras indiferentes sobre el calor, el viento, etcétera; pero a mí me pareció su voz musical, y esas palabras insignificantes sonaron de una manera tan mágica a mis oídos que aún las escucho en este momento. Si esa mujer en aquel acto me hubiera dicho: "Yo te amo, Alfredo"; si hubiera tomado mi mano helada entre sus pequeños dedos de alabastro y me la hubiera estrechado; si me hubiera sido permitido depositar un beso en su blanca frente... ¡Oh!, habría llorado de gratitud, me habría vuelto loco, me habría muerto tal vez de placer.

A poco momento un elegante invitó a bailar a Carolina. El cruel, arrebató de mi lado a mi querida, a mi tesoro, a mi ángel. El resto de la noche Carolina bailó, platicó con sus amigas, sonrió con los libertinos pisaverdes; y para mí, que la adoraba, no tuvo ya ni una sonrisa, ni una mirada, ni una palabra. Me retiré cabizbajo, celoso, maldiciendo el baile. Cuando llegué a mi casa me arrojé en mi lecho y me puse a llorar de rabia.

A la mañana siguiente, lo primero que hice fue indagar dónde vivía Carolina; pero mis pesquisas por algún tiempo fueron inútiles. Una noche la vi en el teatro, hermosa y engalanada como siempre, con su sonrisa de ángel en los labios, con sus ojos negros y brillantes de alegría. Carolina se rió unas veces con las gracias de los actores, y se enterneció otras con las escenas patéticas; en los entreactos paseaba su vista por todo el patio y palcos, examinaba las casacas de moda, las relumbrantes cadenas y fistoles de los elegantes, saludaba graciosamente con su abanico a sus conocidas, sonreía, platicaba... y para mí, nada... ni una sola vez dirigió la vista por donde estaba mi luneta, a pesar de que mis ojos ardientes y empapados en lágrimas seguían sus más insignificantes movimientos. También esa noche fue de insomnio, de delirio; noche de esas en que el lecho quema, en que la fiebre hace latir fuertemente las arterias, en que una imagen fantástica está fija e inmóvil en la orilla de nuestro lecho.

Era menester tomar una resolución. En efecto, supe por fin dónde vivía Carolina, quiénes componían su familia y el género de vida que tenía. ¿Pero cómo penetrar hasta esas casas opulentas de los ricos? ¿Cómo insinuarme en el corazón de una joven del alto tono, que dedicaba la mitad de su tiempo a descansar en las mullidas otomanas de seda, y la otra mitad en adornarse y concurrir en su espléndida carroza a los paseos y a los teatros? ¡Ah!, si las mujeres ricas y orgullosas conociesen cuánto vale ese amor ardiente y puro que se enciende en nuestros corazones; si miraran el interior de nuestra organización, toda ocupada, por decirlo así, en amar; si reflexionaran que para nosotros, pobres hombres a quienes la fortuna no prodigó riquezas, pero que la naturaleza nos dio un corazón franco y leal, las mujeres son un tesoro inestimable y las guardamos con el delicado esmero que ellas conservan en un vaso de nácar las azucenas blancas y aromáticas, sin duda nos amarían mucho; pero... las mujeres no son capaces de amar el alma jamás. Su carácter frívolo las inclina a prenderse más de un chaleco que de un honrado corazón; de una cadena de oro o de una corbata, que de un cerebro bien organizado.

He aquí mi tormento. Seguir lánguido, triste y cabizbajo, devorado con mi pasión oculta, a una mujer que corría loca y descuidada entre el mágico y continuado festín de que goza la clase opulenta de México. Carolina iba a los teatros, allí la seguía yo; Carolina en su brillante carrera daba vueltas por las frondosas calles de árboles de la Alameda, también me hallaba yo sentado en el rincón oscuro de una banca. En todas partes estaba ella rebosando alegría y dicha, y yo, mustio, con el alma llena de acíbar y el corazón destilando sangre.

Me resolví a escribirle. Di al lacayo una carta, y en la noche me fui al teatro lleno de esperanzas. Esa noche acaso me miraría Carolina, acaso fijaría su atención en mi rostro pálido y me tendría lástima... era mucho esto: tras de la lástima vendría el amor y entonces sería yo el más feliz de los hombres. ¡Vana esperanza! En toda la noche no logré que Carolina fijase su atención en mi persona. Al cabo de ocho días me desengañé, que el lacayo no le había entregado mi carta. Redoblé mis instancias y conseguí por fin que una amiga suya pusiese en sus manos un billete, escrito con todo el sentimentalismo y el candor de un hombre que ama de veras; pero ¡Dios mío!, Carolina recibía diariamente tantos billetes iguales; escuchaba tantas declaraciones de amor; la prodigaban desde sus padres hasta los criados, tantas lisonjas que no se dignó abrir mi carta y la devolvió sin preguntar aun por curiosidad quién se la escribía.

¿Has experimentado alguna vez el tormento atroz que se siente, cuando nos desprecia una mujer a quien amamos con toda la fuerza de nuestra alma? ¿Comprendes el martirio horrible de correr día y noche loco, delirante de amor tras de una mujer que ríe, que no siente, que no ama, que ni aun conoce al que la adora?

Cinco meses duraron estas penas, y yo constante, resignado, no cesaba de seguir sus pasos y observar sus acciones. El contraste era siempre el mismo: ella loca, llena de contento, reía y miraba al drama que se llama mundo a través de un prisma de ilusiones; y yo triste, desesperado con un amor secreto que nadie podía comprender, miraba a todas las gentes tras la media luz de un velo infernal.

Pasaban ante mi vista mil mujeres; las unas de rostro pálido e interesante, las otras llenas de robustez y brotándoles el nácar por sus redondas mejillas. Veía unas de cuerpo flexible, cintura breve y pie pequeño; otras robustas, de formas atléticas; aquellas de semblante tétrico y romántico; las otras con una cara de risa y alegría clásica; y ninguna, ninguna de estas flores que se deslizaban ante mis ojos, cuyo aroma percibía, cuya belleza palpaba, hacía latir mi corazón, ni brotar en mi mente una sola idea de felicidad. Todas me eran absolutamente indiferentes; sólo amaba a Carolina, y Carolina... ¡Ah!, el corazón de las mujeres se enternece, como dice Antony, cuando ven un mendigo o un herido; pero son insensibles cuando un hombre les dice: "Te amo, te adoro, y tu amor es tan necesario a mi existencia como el sol a las flores, como el viento a las aves, como el agua a los peces". ¡Qué locura! Carolina ignoraba mi amor, como te he repetido, y esto era peor para mí que si me hubiese aborrecido.

La última noche que la vi fue en un baile de máscaras. Su disfraz consistía en un dominó de raso negro; pero el instinto del amor me hizo adivinar que era ella. La seguí en el salón del teatro, en los palcos, en la cantina, en todas partes donde la diversión la conducía. El ángel puro de mi amor, la casta virgen con quien había soñado una existencia entera de ventura doméstica, verla entre el bullicio de un carnaval, sedienta de baile, llena de entusiasmo, embriagada con las lisonjas y los amores que le decían. ¡Oh!, si yo tuviera derechos sobre su corazón, la hubiera llamado, y con una voz dulce y persuasiva le hubiera dicho:

"Carolina mía, corres por una senda de perdición; los hombres sensatos nunca escogen para esposas a las mujeres que se encuentran en medio de las escenas de prostitución y voluptuosidad; sepárate por piedad de esta reunión cuyo aliento empaña tu hermosura, cuyos placeres marchitan la blanca flor de tu inocencia; ámame sólo a mí, Carolina, y encontrarás un corazón sincero, donde vacíes cuantos sentimientos tengas en el tuyo: ámame, porque yo no te perderé ni te dejaré morir entre el llanto y los tormentos de una pasión desgraciada". Mil cosas más le hubiera dicho; pero Carolina no quiso escucharme; huía de mí y risueña daba el brazo a los que le prodigaban esas palabras vanas y engañadoras que la sociedad llama galantería. ¡Pobre Carolina! La amaba tanto, que hubiera querido tener el poder de un dios para arrebatarla del peligroso camino en que se hallaba.

Observé que un petimetre de estos almibarados, insustanciales, destituidos de moral y de talento, que por una de tantas anomalías aprecia y puede decirse venera la sociedad, platicaba con gran interés con Carolina. En la primera oportunidad lo saqué fuera de la sala, lo insulté, lo desafié, y me hubiera batido a muerte; pero él, riendo me dijo:

—¿Qué derechos tiene usted sobre esta mujer?

Reflexioné un momento, y con voz ahogada por el dolor, le respondí:

—Ninguno.

—Pues bien —prosiguió riéndose mi antagonista—, yo sí los tengo y los va usted a ver.

El infame sacó de su bolsa una liga, un rizo de pelo, un retrato, unas cartas en que Carolina le llamaba su tesoro, su único dueño.

—Ya ve usted, pobre hombre —me dijo alejándose—, Carolina me ama, y con todo, la voy a dejar esta noche misma, porque colecciones amorosas iguales a las que ha visto usted y que tengo en mi cómoda, reclaman mi atención; son mujeres inocentes y sencillas, y Carolina ha mudado ya ocho amantes.

Sentí al escuchar estas palabras que el alma abandonaba mi cuerpo, que mi corazón se estrechaba, que el llanto me oprimía la garganta. Caí en una silla desmayado, y a poco no vi a mi lado más que un amigo que procuraba humedecer mis labios con un poco de vino.

A los tres días supe que Carolina estaba atacada de una violenta fiebre y que los médicos desesperaban de su vida. Entonces no hubo consideraciones que me detuvieran; me introduje en su casa decidido a declararle mi amor, a hacerle saber que si había pasado su existencia juvenil entre frívolos y pasajeros placeres, que si su corazón moría con el desconsuelo y vacío horribles de no haber hallado un hombre que la amase de veras, yo estaba allí para asegurarle que lloraría sobre su tumba, que el santo amor que le había tenido lo conservaría vivo en mi corazón. ¡Oh!, estas promesas habrían tranquilizado a la pobre niña, que moría en la aurora de su vida, y habría pensado en Dios y muerto con la paz de una santa.

Pero era un delirio hablar de amor a una mujer en los últimos instantes de su vida, cuando los sacerdotes rezaban los salmos en su cabecera; cuando la familia, llorosa, alumbraba con velas de cera benditas las facciones marchitas y pálidas de Carolina. ¡Oh!, yo estaba loco; agonizaba también, tenía fiebre en el alma. ¡Imbéciles y locos que somos los hombres!

—Y ¿qué sucedió al fin?

—Al fin murió Carolina —me contestó—, y yo, constante, la seguí a la tumba, como la había seguido a los teatros y a las máscaras. Al cubrir la fría tierra los últimos restos de una criatura poco antes tan hermosa, tan alegre y tan contenta, desaparecieron también mis más risueñas esperanzas, las solas ilusiones de mi vida.

Alfredo salió de mi cuarto, sin despedida.

 "CLARÍN" (1852 - 1901)

LEOPOLDO ALAS "CLARIN"

Leopoldo Alas y Ureña nació el 2 de abril de 1852 en Zamora, España, siendo su padre gobernador. En 1871 estudia Derecho y Filosofía en la Universidad de Madrid.

En 1875 usa por primera vez el seudómino *Clarín*. Catedrático de la universidad de Zaragoza y Oviedo causa gran escándalo con su novela *La regenta*. Murió en Oviedo en 1901.

 "CLARÍN" (1852 - 1901)

LA PERFECTA CASADA

l día de su santo, don Autónomo Parcerisa acababa de comer opíparamente, rodeado de su esposa e hijos, muy satisfecho, alegres todos, felices... No había familia más dichosa en el mundo. Vivían en una *mediocritas*, si no *aurea*, por lo menos de plata sobredorada, la cual les permitía en los días que repicaban en gordo tirar la casa por la ventana en forma de símbolo, por supuesto; es decir, sin pagar una onza en el gasto extraordinario, que lo demás quedaba muy guardado en la caja de caudales, en el banco y en las arcas de la compañía donde don Autónomo se había asegurado.

Serafina era un serafín; mujer más angelical no la había: era la perfecta casada de Fray Luis; pero a la moderna, con costumbres algo menos devotas, pues si no hoy ya no hubiera sido la perfecta casada. Nada de gazmoñería, virtud expansiva, alegre; sacrificio constante de su egoísmo al interés de su marido e hijos; pero sin que se le conociera esfuerzo alguno, con divina gracia. Parecía una mujer como todas y era la mejor de todas.

No hacía valer su fidelidad (y era lindísima y muy codiciada) como un mérito: esta pretensión le hubiera parecido ya una especie de adulterio. Así como a nadie se le ocurre en una sociedad de personas distinguidas, nobles, ricas y finísimas, que uno de aquellos duques, o generales, o ministros se va a llevar un candelabro de plata, por ejemplo, y nadie piensa en el robo posible, tampoco se le pasó jamás por las mientes a Serafina ser infiel a su Autónomo por pensamiento, de palabra u obra.

Y como no había manera de reprenderlo por nada, de reñirlo, jamás lo había reprendido, nunca habían reñido. Estaba íntegra la vajilla e íntegra la paz conyugal.

De todo lo cual llegó, a fuerza de años, a sacar en consecuencia Autónomo que así no se podía seguir, que había que acabar de cualquier manera.

En esto pensaba, precisamente, aquel día de su santo, después de los postres, cuando ya los niños se iban despidiendo del padre, porque los reclamaba el lecho.

Todos se acostaban sin protestar, y eso que estaban seguros de que su madre no les hubiera negado permiso para velar un ratito. Ellos lo deseaban...; pero no, ¿para qué? La mamá les tenía demostrado que era cosa nociva y, además, la hubiera disgustado, aunque ello no lo dejara ver; nada, nada, a la cama.

—Buenas noches, papá.

—Santas y buenas, hijos míos; santas y buenas...

Y seguía pensando don Autónomo: "Vea usted. Ahora me iría yo de muy buena gana a jugar un tresillito al casino. Siempre pierdo, es verdad; pero ¿y qué? No es mucho y me divierto. Pero no voy, imposible... Si anuncio que salgo ella se reirá lo mismo absolutamente que si le digo: 'Me voy a la cama', que es lo que a ella le gusta, porque sabe que me conviene madrugar para el estómago y para los negocios...

¿Quién le da un disgusto 'callado' sin grandes remordimientos? Pero... la verdad es que hoy..., día de mi santo..."

Sin embargo, decidió tener un rasgo de energía que no hacía falta, y poniéndose en pie exclamó:

—¡Ea, chica! Dame... la palmatoria que me voy a la cama.

Y se acostó; se acostó como los niños.

Y en cuanto estuvo entre las sábanas se sintió como en presidio, como en el cepo, y echaba pestes contra sí mismo, pues contra su mujer no había porqué.

—¡Voy a saltar de la cama! ¡Salto! ¿Quién me lo impide?

Y no saltaba por eso mismo, porque era su derecho, porque nadie lo impedía, y su mujercita le hubiera acercado la ropa muy contenta, y le hubiera alumbrado hasta la calle, sonriente.

Se quedó dormido protestando contra la excesiva virtud de su esposa, que por ser una santa le obligaba a él, para no tener terribles remordimientos, a ser, por lo menos, el *beato* Autónomo.

Y pasaban días y días, y siempre así.

En fin, llegó a encontrarse con todos sus vicios extirpados, incapaz de la menor calaverada, que hubiera sido terrible ingratitud para con aquella santa familia en que él mismo se veía con su aureola resplandeciente.

—Pero, señor, si yo no iba para santo; si esto es a la fuerza. ¡Esto no es la perfecta casada, esto es la *pluscuamperfecta*!

Y poco a poco le creció la manía hasta el punto de aborrecer, a su manera, a aquella mujer, a quien adoraría de rodillas, y por no disgustar a la cual estaba él ganando el cielo.

Y de una en otra, vino a parar en comprar una maquinilla manual de imprimir, y se encerraba en su casa, imprimiendo en tarjetas, volantes, besalamanos, etc., las mismas palabras, pocas. Y después, de noche, los llevaba al correo y estaba cinco minutos echando papel por la boca abierta del león, pasmado de tanta correspondencia.

Había comprado el libro de las cien mil direcciones y había dirigido a todos los periódicos del mundo, o a muchos por lo menos, a las agencias, a los abogados, obispos, diputados, cónsules, jueces, alcaldes, banqueros, etc., etc., la misma noticia, que importaba igualmente a todos: nada.

El juez de guardia, que la recibió también, fue el único que hizo caso de ella. Decía así el volante que recibió: *"Me mato por no aguantar a mi mujer"*.

Y, en efecto, Autónomo se suicidó de veras.

Por más que se hizo, no se pudo ocultar la terrible catástrofe a Serafina; y lo peor fue que, por la inmensa publicidad que el suicida había dado a la noticia, tardó muy poco en llegar a conocimiento de la santa esposa la causa del suicidio. ¡Su marido se mataba por no aguantarla a ella!

El buen sentido hizo que el público en masa, "conocidas las cualidades de la virtuosa señora, declarase que aquel hombre se había vuelto loco de pura felicidad doméstica. Sólo así se explicaba el absurdo de *matarse por no aguantar a la perfecta casada*.

Sin embargo, cierto solterón empedernido, amigo del difunto, decía:

—A la muerte de Autónomo no se le ha sacado toda la filosofía que encierra. No estaba loco. Lo que ha hecho es dejarnos ejemplo con su muerte. La filosofía de ese suicidio es ésta: "Me mato por no aguantar a mi mujer". Pero su mujer es la mejor del mundo. Luego... la mejor de las mujeres es inaguantable. ¡Lo que serán las otras! ¡Y lo que será el matrimonio!

Este Autónomo es el redentor de los célibes.

 QUIROGA (1878 - 1937)

HORACIO QUIROGA

Nació en Salto, Uruguay el 31 de diciembre de 1878. En 1898 conoció al argentino Leopoldo Lugones y al año siguiente fundó la *Revista de Salto*. En 1990 viaja a París, regresa a Montevideo y funda un círculo literario.

Vivió en la selva acompañado de Lugones. Luego en Buenos Aires se establece como profesor de castellano. Vivió en el Chaco. Se casó con Ana María Cirés en 1909. Sus cuentos de amor los publica en 1917 y continúa con una gran producción durante esa década.

Se casa por segunda vez y es nombrado cónsul de Uruguay en San Ignacio. El 17 de febrero de 1937 se suicida con cianuro. Quiroga es considerado como el autor de cuentos más importante de su época en toda América.

 QUIROGA (1878 - 1937)

UNA ESTACION DE AMOR

PRIMAVERA

ra el martes de carnaval. Nébel acababa de entrar en el corso, ya al oscurecer, y mientras deshacía un paquete de serpentinas miró al carruaje de delante. Extrañado de una cara que no había visto en el coche la tarde anterior, preguntó a sus compañeros:

—¿Quién es? No parece fea.

—¡Un demonio! Es lindísima. Creo que sobrina, o cosa así, del doctor Arrizabalaga. Llegó ayer, me parece...

Nébel fijó entonces atentamente los ojos en la hermosa criatura. Era una chica muy joven aún, acaso no más de catorce años, pero ya núbil. Tenía bajo el cabello muy oscuro un rostro de suprema blancura, de ese blanco mate y raso que es patrimonio exclusivo de los cutis muy finos. Ojos azules, largos, perdiéndose hacia las sienes entre negras pestañas. Tal vez un poco separados, lo que da, bajo una frente tersa, aire de mucha nobleza o gran terquedad. Pero sus ojos, tal como eran, llenaban aquel semblante en flor con la luz de su belleza. Y al sentirlos Nébel detenidos un momento en los suyos, quedó deslumbrado.

—¡Qué encanto! —murmuró, quedando inmóvil con una rodilla en el almohadón del surrey. Un momento después las serpentinas volaban hacia la victoria. Ambos carruajes estaban ya enlazados por el puente colgante de papel, y la que lo ocasionaba sonreía de vez en cuando al galante muchacho.

Mas aquello llegaba ya a la falta de respeto a personas, cocheros y aun al carruaje: las serpentinas llovían sin cesar. Tanto fue, que las dos personas sentadas atrás se volvieron y, bien que sonriendo, examinaron atentamente al derrochador.

—¿Quiénes son? —preguntó Nébel en voz baja.

—El doctor Arrizabalaga... Cierto que no lo conoces. La otra es la madre de tu chica... Es cuñada del doctor.

Como en pos del examen, Arrizabalaga y la señora se sonrieran francamente ante aquella exuberancia de juventud, Nébel se creyó en el deber de saludarlos, a lo que respondió el terceto con jovial condescendencia.

Éste fue el principio de un idilio que duró tres meses, y al que Nébel aportó cuanto de adoración cabía en su apasionada adolescencia. Mientras continuó el corso, y en Concordia se prolonga hasta horas increíbles, Nébel tendió incesantemente su brazo hacia adelante, tan bien que el puño de su camisa, desprendido, bailaba sobre la mano.

Al día siguiente se reprodujo la escena; y como esta vez el corso se reanudaba de noche con batalla de flores, Nébel agotó en un cuarto de hora cuatro inmensas canastas. Arrizabalaga y la señora se reían, volviendo la cabeza a menudo, y la joven no apartaba casi sus ojos de

Nébel. Éste echó una mirada de desesperación a sus canastas vacías. Mas sobre el almohadón del surrey quedaba aún uno, un pobre ramo de siemprevivas y jazmines del país. Nébel saltó con él por sobre la rueda del surrey, dislocóse casi un tobillo, y corriendo a la victoria, jadeante, empapado en sudor y con el entusiasmo a flor de ojos, tendió el ramo a la joven. Ella buscó atolondradamente otro, pero no lo tenía. Sus acompañantes se reían.

—¡Pero, loca! —le dijo la madre, señalándole el pecho—. ¡Ahí tienes uno!

El carruaje arrancaba al trote. Nébel, que había descendido afligido del estribo, corrió y alcanzó el ramo que la joven le tendía con el cuerpo casi fuera del coche.

Nébel había llegado tres días atrás de Buenos Aires, donde concluía su bachillerato. Había permanecido allá siete años, de modo que su conocimiento de la sociedad actual de Concordia era mínimo. Debía quedar aún quince días en su ciudad natal, disfrutados en pleno sosiego de alma, si no de cuerpo. Y he aquí que desde el segundo día perdía toda su serenidad. Pero en cambio, ¡qué encanto!

—¡Qué encanto! —se repetía pensando en aquel rayo de luz, flor y carne femenina que había llegado a él desde el carruaje. Se reconocía real y profundamente deslumbrado —y enamorado, desde luego.

¡Y si ella lo quisiera!.. ¿Lo querría? Nébel, para dilucidarlo, confiaba mucho más que en el ramo de su pecho, en la precipitación aturdida con que la joven había buscado algo que darle. Evocaba claramente el brillo de sus ojos cuando lo vio llegar corriendo, la inquieta expectativa con que lo esperó —y en otro orden, la morbidez del joven pecho, al tenderle el ramo.

¡Y ahora, concluido! Ella se iba al día siguiente a Montevideo. ¿Qué le importaba lo demás, Concordia, sus amigos de antes, su mismo padre? Por lo menos iría con ella hasta Buenos Aires.

Hicieron efectivamente el viaje juntos, y durante él Nébel llegó al más alto grado de pasión que puede alcanzar un romántico muchacho de dieciocho años que se siente querido. La madre acogió el casi infantil idilio con afable complacencia, y se reía a menudo al verlos, hablando poco, sonriendo sin cesar y mirándose infinitamente.

La despedida fue breve, pues Nébel no quiso perder el último vestigio de cordura que le quedaba, cortando su carrera tras ella.

Ellas volverían a Concordia en el invierno, acaso una temporada. ¿Iría él? "¡Oh, no volver yo!" Y mientras Nébel se alejaba despacio por el muelle, volviéndose a cada momento, ella, de pecho sobre la borda y la cabeza baja, lo seguía con los ojos, mientras en la planchada los marineros levantaban los suyos risueños a aquel idilio —y al vestido, corto aún, de la tiernísima novia.

VERANO

El 13 de junio Nébel volvió a Concordia, y aunque supo desde el primer momento que Lidia estaba allí, pasó una semana sin inquietarse poco ni mucho por ella. Cuatro meses son plazo sobrado para un relámpago de pasión, y apenas si en el agua dormida de su alma el último resplandor alcanzaba a rizar su amor propio. Sentía, sí, curiosidad de verla. Hasta que un nimio incidente, punzando su vanidad, lo arrastró de nuevo. El primer domingo, Nébel, como todo buen chico de pueblo, esperó en la esquina la salida de misa. Al fin, las últimas acaso erguidas y mirando adelante, Lidia y su madre avanzaron por entre la fila de muchachos.

Nébel, al verla de nuevo, sintió que sus ojos se dilataban para sorber en toda su plenitud la figura bruscamente adorada. Esperó con ansia casi dolorosa el instante en que los ojos de ella, en un súbito resplandor de dichosa sorpresa, lo reconocerían entre el grupo.

Pero pasó, con su mirada fría fija adelante.

—Parece que no se acuerda más de ti —le dijo un amigo, que a su lado había seguido el incidente.

—¡No mucho! —se sonrió él—. Y es lástima, porque la chica me gustaba en realidad.

Pero cuando estuvo solo se lloró a sí mismo su desgracia. ¡Y ahora que había vuelto a verla! ¡Cómo, cómo la había querido siempre, él que creía no acordarse más! ¡Y acabado! ¡Pum, pum, pum! —repetía sin darse cuenta—. ¡Pum! ¡Todo ha concluido!

De golpe: ¿Y si no me hubieran visto?... ¡Claro!, ¡pero claro! Su rostro se animó de nuevo, y acogió esta vaga probabilidad con profunda convicción.

A las tres golpeaba en casa del doctor Arrizabalaga. Su idea era elemental: consultaría con cualquier mísero pretexto al abogado; y acaso la viera.

Fue allá. Una súbita carrera por el patio respondió al timbre, y Lidia, para detener el impulso, tuvo que cogerse violentamente a la puerta vidriera. Vio a Nébel, lanzó una exclamación, y ocultando con sus brazos la ligereza de su ropa, huyó más velozmente aún.

Un instante después la madre abría el consultorio y acogía a su antiguo conocido con más viva complacencia que cuatro meses atrás. Nébel no cabía en sí de gozo; y como la señora no parecía inquietarse por las preocupaciones jurídicas de Nébel, éste prefirió también un millón de veces su presencia a la del abogado.

Con todo, se hallaba sobre ascuas de una felicidad demasiado ardiente. Y como tenía dieciocho años, deseaba irse de una vez para gozar a solas, y sin cortedad, su inmensa dicha.

—¡Tan pronto, ya! —le dijo la señora—. Espero que tendremos el gusto de verlo otra vez... ¿No es verdad?

—¡Oh, sí, señora!

—En casa todos tendríamos mucho placer... ¡Supongo que todos! ¿Quiere que consultemos? —se sonrió con maternal burla.

—¡Oh, con toda el alma! —repuso Nébel.

—¡Lidia! ¡Ven un momento! Hay aquí una persona a quien conoces.

Lidia llegó cuando él estaba ya de pie. Avanzó al encuentro de Nébel, los ojos centelleantes de dicha, y le tendió un gran ramo de violetas, con adorable torpeza.

—Si a usted no le molesta —prosiguió la madre—, podría venir todos los lunes... ¿Qué le parece?

—¡Qué es muy poco, señora! —repuso el muchacho—. Los viernes también... ¿Me permite?

La señora se echó a reír.

—¡Qué apurado! Yo no sé... Veamos qué dice Lidia. ¿Qué dices, Lidia?

La criatura, que no apartaba sus ojos rientes de Nébel, le dijo ¡sí! en pleno rostro, puesto que a él debía su respuesta.

—Muy bien: entonces hasta el lunes, Nébel.

Nébel objetó:

—¿No me permitiría venir esta noche? Hoy es un día extraordinario...

—¡Bueno! ¡Esta noche también! Acompáñalo, Lidia.

Pero Nébel, en loca necesidad de movimiento, se despidió allí mismo y huyó con su ramo cuyo cabo había deshecho casi, y con el alma proyectada al último cielo de la felicidad.

Durante dos meses, en todos los momentos en que se veían, en todas las horas que los separaban, Nébel y Lidia se adoraron. Para él, romántico hasta sentir el estado de dolorosa melancolía que provoca una simple garúa que agrisa el patio, la criatura aquella, con su cara angelical, sus ojos azules y su temprana plenitud, debía encarnar la suma posible de ideal. Para ella, Nébel era varonil, buen mozo e inteligente. No había en su mutuo amor más nube que la minoría de edad de Nébel. El muchacho, dejando de lado estudios, carreras y demás superfluidades, quería casarse. Como probado, no había sino dos cosas que a él le era *absolutamente* imposible vivir sin Lidia, y que llevaría por delante cuanto se opusiese a ello. Presentía —o más bien dicho, sentía— que iba a escollar rudamente.

Su padre, en efecto, a quien había disgustado profundamente el año que perdía Nébel tras un amorío de carnaval, debía apuntar las íes con terrible vigor. A fines de agosto habló un día definitivamente a su hijo:

—Me han dicho que sigues tus visitas a lo de Arrizabalaga. ¿Es cierto? Porque tú no te dignas decirme una palabra.

Nébel vio toda la tormenta en esa forma de dignidad, y la voz le tembló un poco al contestar:

—Si no te dije nada, papá, es porque sé que no te gusta que te hable de eso.

—¡Bah! Como gustarme, puedes, en efecto, ahorrarte el trabajo... Pero quisiera saber en qué estado estás.

¿Vas a esa casa como novio?

—Sí.

—¿Y te reciben formalmente?

—Creo que sí...

El padre lo miró fijamente y tamborileó sobre la mesa.

—¡Está bueno! ¡Muy bien!... Óyeme, porque tengo el deber de mostrarte el camino. ¿Sabes tú bien lo que haces? ¿Has pensado en lo que puede pasar?

—¿Pasar?... ¿Qué ?

—Que te cases con esa muchacha. Pero fíjate: ya tienes edad para reflexionar, al menos. ¿Sabes quién es? ¿De dónde viene? ¿Conoces a alguien que sepa qué vida lleva en Montevideo?

—¡Papá!

—¡Sí, qué hacen allá! ¡Bah! No pongas esa cara... No me refiero a tu... novia. Ésa es una criatura, y como tal no sabe lo que hace. ¿Pero sabes de qué viven?

—¡No! Ni me importa, porque aunque seas mi padre...

—¡Bah, bah, bah! Deja eso para después. No te hablo como padre sino como cualquier hombre honrado pudiera hablarte. Y puesto que te indigna tanto lo que te pregunto, averigua a quien quiera contarte, qué clase de relaciones tiene la madre de tu novia con su cuñado, ¡pregunta!

—¡Sí! Ya sé que ha sido...

—Ah, ¿sabes que ha sido la querida de Arrizabalaga? ¿Y que él u otro sostienen la casa en Montevideo? ¡Y te quedas tan fresco!

—¡...!

—¡Sí, ya sé! ¡Tu novia no tiene nada que ver con esto, ya sé! No hay impulso más bello que el tuyo... Pero anda con cuidado, porque puedes llegar tarde... ¡No, no, cálmate! No tengo ninguna idea de ofender a tu novia, y creo, como te he dicho, que no está contaminada aún por la podredumbre que la rodea. Pero si la madre te la quiere vender en matrimonio, o más bien a la fortuna que vas a heredar cuando yo muera, dile que el viejo Nébel no está dispuesto a esos tráficos. y que antes se lo llevará el diablo que consentir en ese matrimonio. Nada más quería decirte.

El muchacho quería mucho a su padre, a pesar del carácter de éste; salió lleno de rabia por no haber podido desahogar su ira, tanto más violenta cuanto que él mismo la sabía injusta. Hacía tiempo ya que no lo ignoraba. La madre de Lidia había sido querida de Arrizabalaga en vida de su marido, y aun cuatro o cinco años después. Se veían aún de tarde en tarde, pero el viejo libertino, arrebujado ahora en su artritis de solterón enfermizo, distaba mucho de ser respecto de su cuñada lo que se pretendía; y si mantenía el tren de madre e hija, lo hacía por una especie de agradecimiento de ex amante, y sobre todo para autorizar los chismes actuales que hinchaban su vanidad.

Nébel evocaba a la madre; y con un estremecimiento de muchacho loco por las mujeres casadas, recordaba cierta noche en que hojeando juntos y reclinados una *Illustration,* había creído sentir sobre sus nervios súbitamente tensos un hondo hálito de deseo que surgía del cuerpo pleno que rozaba con él. Al levantar los ojos, Nébel había visto la mirada de ella, mareada, posarse pesadamente sobre la suya.

¿Se había equivocado? Era terriblemente histérica, pero con raras crisis explosivas; los nervios desordenados repiqueteaban hacia adentro, y de aquí la enfermiza tenacidad en un disparate y el súbito abandono de una convicción; y en los pródromos de las crisis, la obstinación creciente, convulsiva, edificándose con grandes bloques de absurdos. Abusaba de la morfina por angustiosa necesidad y por elegancia. Tenía treinta y siete años; era alta, con labios muy gruesos y encendidos que humedecía sin cesar. Sin ser grandes, sus ojos lo parecían por el corte y por tener pestañas muy largas; pero eran admirables de sombra y fuego. Se pintaba. Vestía, como la hija, con perfecto buen gusto, y era ésta, sin duda, su mayor seducción. Debía de haber tenido, como mujer, profundo encanto; ahora la histeria había trabajado mucho su cuerpo —siendo, desde luego, enferma del vientre. Cuando el latigazo de la morfina pasaba, sus ojos se empañaban, y de la comisura de los labios, del párpado globoso, pendía una fina redecilla de arrugas. Pero a pesar de ello, la misma histeria que le deshacía los nervios era el alimento un poco mágico que sostenía su tonicidad.

Quería entrañablemente a Lidia; y con la moral de las burguesas histéricas, hubiera envilecido a su hija para hacerla feliz —esto es, para proporcionarle aquello que habría hecho su propia felicidad.

Así, la inquietud del padre de Nébel a este respecto tocaba a su hijo en lo más hondo de sus cuerdas de amante. ¿Cómo había escapado Lidia? Porque la limpidez de su cutis, la franqueza de su pasión de chica que surgía con adorable libertad de sus ojos brillantes, eran ya no prueba de pureza, sino escalón de noble gozo por el que Nébel ascendía triunfal a arrancar de una manotada a la planta podrida la flor que pedía por él.

Esta convicción era tan intensa, que Nébel jamás la había besado. Una tarde, después de almorzar, en que pasaba por lo de Arrizabalaga, había sentido loco deseo de verla. Su dicha fue completa, pues la halló sola, en batón, y los rizos sobre las mejillas. Como Nébel la retuvo contra la pared, ella, riendo y cortada, se recostó en el muro. Y el muchacho, a su frente, tocándola casi, sintió en sus manos inertes la alta felicidad de un amor inmaculado, que tan fácil le habría sido manchar.

¡Pero luego, una vez su mujer! Nébel precipitaba cuanto le era posible su casamiento. Su habilitación de edad, obtenida en esos días, le permitía por su legítima materna afrontar los gastos. Quedaba el consentimiento del padre, y la madre apremiaba este detalle.

La situación de ella, sobrado equívoca en Concordia, exigía una sanción social que debía comenzar, desde luego, por la del futuro suegro de su hija. Y sobre todo, la sostenía el deseo de humillar, de forzar a la moral burguesa a doblar las rodillas ante la misma inconveniencia que despreció.

Ya varias veces había tocado el punto con su futuro yerno, con alusiones a "mi suegro"..., "mi nueva familia"..., "la cuñada de mi hija". Nébel se callaba, y los ojos de la madre brillaban entonces con más sombrío fuego.

Hasta que un día la llama se levantó. Nébel había fijado el 18 de octubre para su casamiento. Faltaba más de un mes aún, pero la madre hizo entender claramente al muchacho que quería la presencia de su padre esa noche.

—Será difícil —dijo Nébel después de un mortificante silencio—. Le cuesta mucho salir de noche... No sale nunca.

—¡Ah! —exclamó sólo la madre, mordiéndose rápidamente el labio. Otra pausa siguió, pero ésta ya de presagio.

—Porque usted no hace un casamiento clandestino, ¿verdad?

—¡Oh! —se sonrió difícilmente Nébel—. Mi padre tampoco lo cree.

—¿Y entonces?

Nuevo silencio, cada vez más tempestuoso.

—¿Es por mí que su señor padre no quiere asistir?

—¡No, no, señora! —exclamó al fin Nébel, impaciente—. Está en su modo de ser... Hablaré de nuevo con él, si quiere.

—¿Yo, querer? —se sonrió la madre dilatando las narices—. Haga lo que le parezca... ¿Quiere irse, Nébel, ahora? No estoy bien.

Nébel salió, profundamente disgustado. ¿Qué iba a decir a su padre? Éste sostenía siempre su rotunda oposición a tal matrimonio, y ya el hijo había emprendido las gestiones para prescindir de ella.

—Puedes hacer eso, y todo lo que te dé la gana. Pero mi consentimiento para que esa entretenida sea tu suegra, ¡jamás!

Después de tres días Nébel decidió concluir de una vez con ese estado de cosas, y aprovechó para ello un momento en que Lidia no estaba.

—Hablé con mi padre —comenzó Nébel—, y me ha dicho que le será completamente imposible asistir.

La madre se puso un poco pálida, mientras sus ojos, en un súbito fulgor, se estiraban hacia las sienes.

—¡Ah! ¿Y por qué?

—No sé —repuso con voz sorda Nébel.

—Es decir... que su señor padre teme mancharse si pone los pies aquí.

—¡No sé! —repitió él, obstinado a su vez.

—¡Es que es una ofensa gratuita la que nos hace ese señor! ¿Qué se ha figurado? —añadió con voz ya alterada y los labios temblantes—. ¿Quién es él para darse ese tono?

Nébel sintió entonces el fustazo de reacción en la cepa profunda de su familia.

—¡Qué es, no sé! —repuso con la voz precipitada a su vez—. Pero no sólo se niega a asistir, sino que tampoco da su consentimiento.

—¿Qué? ¿Que se niega? ¿Y por qué? ¿Quién es él? ¡El más autorizado para esto!

Nébel se levantó:

—Usted no...

Pero ella se había levantado también.

—¡Sí, él! ¡Usted es una criatura! ¡Pregúntele de dónde ha sacado su fortuna, robada a sus clientes! ¡Y con esos aires! ¡Su familia irreprochable, sin mancha, se llena la boca con eso! ¡Su familia!... ¡Dígale que le diga cuántas paredes tenía que saltar para ir a dormir con su mujer antes de casarse! ¡Sí, y me viene con su familia!... ¡Muy bien, váyase; estoy hasta aquí de hipocresías! ¡Que lo pase bien!

Nébel vivió cuatro días en la más honda desesperación. ¿Qué podía esperar después de lo sucedido? Al quinto, y al anochecer, recibió una esquela:

> "Octavio: Lidia está bastante enferma, y sólo su presencia podría calmarla.
>
> *María S. de Arrizabalaga*".

Era una treta, no ofrecía duda. Pero si su Lidia en verdad...

Fue esa noche, y la madre lo recibió con una discreción que asombró a Nébel: sin afabilidad excesiva, ni aire tampoco de pecadora que pide disculpas.

—Si quiere verla...

Nébel entró con la madre, y vio a su amor adorado en la cama, el rostro con esa frescura sin polvos que dan únicamente los catorce años, y las piernas recogidas.

Se sentó a su lado, y en balde la madre esperó a que se dijeran algo: no hacían sino mirarse y sonreír.

De pronto Nébel sintió que estaban solos, y la imagen de la madre surgió nítida: "Se va para que en el transporte de mi amor reconquistado pierda la cabeza, y el matrimonio sea así forzoso". Pero en ese cuarto de hora de goce final que le ofrecían adelantado a costa de un pagaré de casamiento, el muchacho de dieciocho años sintió —como otra vez contra la pared— el placer sin la más leve mancha de un amor puro en toda su aureola de poético idilio.

Sólo Nébel pudo decir cuán grande fue su dicha recuperada en pos del naufragio. Él también olvidaba lo que fuera en la madre explosión de calumnia, ansia rabiosa de insultar a los que no lo merecen. Pero tenía la más fría decisión de apartar a la madre de su vida, una vez casados. El recuerdo de su tierna novia, pura y riente en la cama de que se había destendido una punta para él, encendía la promesa de una voluptuosidad íntegra, a la que no había robado prematuramente el más pequeño diamante.

A la noche siguiente, al llegar a lo de Arrizabalaga, Nébel halló el zaguán oscuro. Después de largo rato la sirvienta entreabrió la ventana.

—¿Han salido? —preguntó él extrañado.

—No, se van a Montevideo... Han ido al Salto a dormir a bordo.

—¡Ah! —murmuró Nébel aterrado. Tenía una esperanza aún.

—¿El doctor? ¿Puedo hablar con él?

—No está; se ha ido al club después de comer...

Una vez solo en la calle oscura, Nébel levantó y dejó caer los brazos con mortal desaliento: ¡Se acabó todo! Su felicidad, su dicha reconquistada un día antes, ¡perdida de nuevo y para siempre! Presentía que esta vez no había redención posible. Los nervios de la madre habían saltado a la loca, como teclas, y él no podía ya hacer más.

Caminó hasta la esquina, y desde allí, inmóvil bajo el farol, contempló con estúpida fijeza la casa rosada. Dio una vuelta a la manzana, y tornó a detenerse bajo el farol. ¡Nunca, nunca más!

Hasta las once y media hizo lo mismo. Al fin se fue a su casa y cargó el revólver. Pero un recuerdo lo detuvo: meses atrás había prometido a un dibujante alemán que antes de suicidarse un día —Nébel era adolescente— iría a verlo. Uníalo con el viejo militar de Guillermo una viva amistad, cimentada sobre largas charlas filosóficas.

A la mañana siguiente, muy temprano, Nébel llamaba al pobre cuarto de aquél. La expresión de su rostro era sobrado explícita.

—¿Es ahora? —le preguntó el paternal amigo, estrechándole con fuerza la mano.

—¡Pst! ¡De todos modos!... —repuso el muchacho, mirando a otro lado.

El dibujante, con gran calma, le contó entonces su propio drama de amor.

—Vaya a su casa —concluyó—, y si a las once no ha cambiado de idea, vuelva a almorzar conmigo, si es que tenemos qué. Después hará lo que quiera. ¿Me lo jura?

—Se lo juro —contestó Nébel, devolviéndole su estrecho apretón con grandes ganas de llorar.

En su casa lo esperaba un tarjeta de Lidia:

> "Idolatrado Octavio: Mi desesperación no puede ser más grande, pero mamá ha visto que si me casaba con usted, me estaban reservados grandes dolores, he comprendido como ella que lo mejor era separarnos y le jura no olvidarlo nunca.
> tu
> *Lidia*".

—¡Ah, tenía que ser así! —clamó el muchacho, viendo al mismo tiempo con espanto su rostro demudado en el espejo. ¡La madre era quien había inspirado la carta, ella y su maldita locura! Lidia no había podido menos que escribir, y la pobre chica, trastornada, lloraba todo su amor en la redacción—. ¡Ah! ¡Si pudiera verla algún día, decirle de qué modo la he querido, cuánto la quiero ahora, adorada de mi alma!...

Temblando fue hasta el velador y cogió el revólver; pero recordó su nueva promesa, y durante un larguísimo tiempo permaneció allí de pie, limpiando obstinadamente con la uña una mancha del tambor.

OTOÑO

Una tarde, en Buenos Aires, acababa Nébel de subir al tranvía cuando el coche se detuvo un momento más del conveniente, y Nébel, que leía, volvió al fin la cabeza.

Una mujer con lento y difícil paso avanzaba entre los asientos. Tras una rápida ojeada a la incómoda persona, Nébel reanudó la lectura. La dama se sentó a su lado, y al hacerlo miró atentamente a su vecino. Nébel, aunque sentía de vez en cuando la mirada extranjera posada sobre él, prosiguió su lectura; pero al fin se cansó y levantó el rostro extrañado.

—Ya me parecía que era usted —exclamó la dama—, aunque dudaba aún... No me recuerda, ¿no es cierto?

—Sí —repuso Nébel abriendo los ojos—. La señora de Arrizabalaga...

Ella vio la sorpresa de Nébel, y sonrió con aire de vieja cortesana que trata aún de parecer bien a un muchacho.

De ella —cuando Nébel la conoció once años atrás— sólo quedaban los ojos, aunque más hundidos, y ya apagados. El cutis amarillo, con tonos verdosos en las sombras, se resquebrajaba en polvorientos surcos. Los pómulos saltaban ahora, y los labios, siempre gruesos, pretendían ocultar una dentadura del todo cariada. Bajo el cuerpo demacrado se veía viva la morfina corriendo por entre los nervios agotados y las arterias acuosas, hasta haber convertido en aquel esqueleto a la elegante mujer que un día hojeó la *Illustration* a su lado.

—Sí, estoy muy envejecida... y enferma; he tenido ya ataques a los riñones... Y usted —añadió mirándolo con ternura—, ¡siempre igual! Verdad es que no tiene treinta años aún... Lidia también está igual.

Nébel levantó los ojos:

—¿Soltera?

—Sí... ¡Cuánto se alegrará cuando le cuente! ¿Por qué no le da ese gusto a la pobre? ¿No quiere ir a vernos?

—Con mucho gusto... —murmuró Nébel.

—Sí, vaya pronto; ya sabe lo que hemos sido para usted... En fin, Boedo, 1483; departamento 14... Nuestra posición es tan mezquina...

—¡Oh! —protestó él, levantándose para irse. Prometió ir muy pronto.

Doce días después Nébel debía volver al ingenio, y antes quiso cumplir su promesa. Fue allá —un miserable departamento de arrabal—. La señora de Arrizabalaga lo recibió, mientras Lidia se arreglaba un poco.

—¡Conque once años! —observó de nuevo la madre—. ¡Cómo pasa el tiempo! ¡Y usted que podría tener una infinidad de hijos con Lidia!

—Seguramente —sonrió Nébel, mirando a su rededor.

—¡Oh! ¡No estamos muy bien! Y sobre todo como debe estar puesta su casa... Siempre oigo hablar de sus cañaverales... ¿Es ése su único establecimiento?

—Sí... En Entre Ríos también...

—¡Qué feliz! Si pudiera uno... ¡Siempre deseando ir a pasar unos meses en el campo, y siempre con el deseo!

Se calló, echando una fugaz mirada a Nébel. Este, con el corazón apretado, revivía nítidas las impresiones enterradas once años en su alma.

—Y todo esto por falta de relaciones... ¡És tan difícil tener un amigo en esas condiciones!

El corazón de Nébel se contraía cada vez más, y Lidia entró.

Ella estaba también muy cambiada, porque el encanto de un candor y una frescura de los catorce años no se vuelve a hallar más en la mujer de veintiséis. Pero bella siempre. Su olfato masculino sintió en su cuello mórbido en la mansa tranquilidad de su mirada, y en todo lo indefinible que denuncia al hombre el amor ya gozado, que debía guardar velado para siempre el recuerdo de la Lidia que conoció.

Hablaron de cosas muy triviales, con perfecta discreción de personas maduras. Cuando ella salió de nuevo un momento, la madre reanudó:

—Sí, está un poco débil... Y cuando pienso que en el campo se repondría en seguida... Vea, Octavio: ¿me permite ser franca con usted? Ya sabe que lo he querido como a un hijo... ¿No podríamos pasar una temporada en su establecimiento? ¡Cuánto bien le haría a Lidia!

—Soy casado —repuso Nébel.

La señora tuvo un gesto de viva contrariedad, y por un instante su decepción fue sincera; pero en seguida cruzó sus manos cómicas:

—¡Casado, usted! ¡Oh, qué desgracia, qué desgracia! ¡Perdóneme, ya sabe!... No sé lo que digo... ¿Y su señora vive con usted en el ingenio?

—Sí, generalmente... Ahora está en Europa.

—¡Qué desgracia! Es decir... ¡Octavio! —añadió abriendo los brazos con lágrimas en los ojos—: A usted le puedo contar, usted ha sido casi mi hijo... ¡Estamos poco menos que en la miseria! ¿Por qué no quiere que vaya con Lidia? Voy a tener con usted una confesión de madre —concluyó con una pastosa sonrisa y bajando la voz—: Usted conoce bien el corazón de Lidia, ¿no es cierto?

Esperó respuesta, pero Nébel permanecía callado.

—¡Sí, usted la conoce! ¿Y cree que Lidia es mujer capaz de olvidar cuando ha querido?

Ahora había reforzado su insinuación con una lenta guiñada. Nébel valoró entonces de golpe el abismo en que pudo haber caído antes. Era siempre la misma madre, pero ya envilecida por su propia alma vieja, la morfina y la pobreza. Y Lidia... Al verla otra vez había sentido un brusco golpe de deseo por la mujer actual de garganta llena y ya estremecida. Ante el tratado comercial que le ofrecían, se echó en brazos de aquella rara conquista que le deparaba el destino.

—¿No sabes, Lidia? —prorrumpió la madre alborozada, al volver su hija—. Octavio nos invita a pasar una temporada en su establecimiento. ¿Qué te parece?

Lidia tuvo una fugitiva contracción de cejas y recuperó su serenidad.

—Muy bien, mamá...

—¡Ah! ¿No sabes lo que dice? Está casado. ¡Tan joven aún! Somos casi de su familia...

Lidia volvió entonces los ojos a Nébel, y lo miró un momento con dolorosa gravedad.

—¿Hace tiempo? —murmuró.

—Cuatro años —repuso él en voz baja. A pesar de todo, le faltó ánimo para mirarla.

INVIERNO

No hicieron el viaje juntos, por un último escrúpulo de Nébel en una línea donde era muy conocido; pero al salir de la estación subieron todos en el *brec* de la casa. Cuando Nébel quedaba solo en el ingenio, no guardaba a su servicio doméstico más que a una vieja india, pues —a más de su propia frugalidad— su mujer se llevaba consigo toda la servidumbre. De este modo presentó sus acompañantes a la fiel nativa como una tía anciana y su hija, que venían a recobrar la salud perdida.

Nada más creíble, por otro lado, pues la señora decaía vertiginosamente. Había llegado deshecha, el pie incierto y pesadísimo, y en su facies angustiosa la morfina, que había sacrificado cuatro horas seguidas a ruego de Nébel, pedía a gritos una corrida por dentro de aquel cadáver viviente.

Nébel, que cortara sus estudios a la muerte de su padre, sabía lo suficiente para prever una rápida catástrofe; el riñón, íntimamente atacado, tenía a veces paros peligrosos que la morfina no hacía sino precipitar.

Ya en el coche, no pudiendo resistir más, la dama había mirado a Nébel con transida angustia:

—Si me permite, Octavio... ¡No puedo más! Lidia, ponte delante.

La hija, tranquilamente, ocultó un poco a su madre, y Nébel oyó el crujido de la ropa violentamente recogida para pinchar el muslo.

Los ojos se encendieron, y una plenitud de vida cubrió como una máscara aquella cara agónica.

—Ahora estoy bien... ¡Qué dicha! Me siento bien.

—Debería dejar eso —dijo duramente Nébel, mirándola de costado—. Al llegar, estará peor.

—¡Oh, no! Antes morir aquí mismo.

Nébel pasó todo el día disgustado, y decidido a vivir cuanto le fuera posible sin ver en Lidia y su madre más que dos pobres enfermas. Pero al caer la tarde y a ejemplo de las fieras que empiezan a esa hora a afilar las garras, el celo de varón comenzó a relajarle la cintura en lasos escalofríos.

Comieron temprano, pues la madre, quebrantada, deseaba acostarse de una vez. No hubo tampoco medio de que tomara exclusivamente leche.

—¡Huy! ¡Qué repugnancia! No la puedo pasar. ¿Y quiere que sacrifique los últimos años de mi vida, ahora que podría morir contenta?

Lidia no pestañeó. Había hablado con Nébel pocas palabras, y sólo al fin del café la mirada de éste se clavó en la de ella; pero Lidia bajó la suya enseguida.

Cuatro horas después Nébel abría sin ruido la puerta del cuarto de Lidia.

—¡Quién es! —sonó de pronto la voz azorada.

—Soy yo —murmuró apenas Nébel.

Un movimiento de ropas, como el de una persona que se sienta bruscamente en la cama, siguió a sus palabras, y el silencio reinó de nuevo. Pero cuando la mano de Nébel tocó en la oscuridad un brazo fresco, el cuerpo tembló entonces en una honda sacudida.

....

Luego, inerte al lado de aquella mujer que ya había conocido el amor antes que él llegara, subió de lo más recóndito del alma de Nébel el santo orgullo de su adolescencia de no haber tocado jamás, de no haber robado ni un beso siquiera, a la criatura que lo miraba con radiante candor. Pensó en las palabras de Dostoyevsky, que hasta ese momento no había comprendido: "Nada hay más bello y que fortalezca más en la vida que un recuerdo puro". Nébel lo había guardado, ese recuerdo sin mancha, pureza inmaculada de sus dieciocho años, y que ahora yacía allí, enfangado hasta el cáliz sobre una cama de sirvienta.

Sintió entonces sobre su cuello dos lágrimas pesadas, silenciosas. Ella a su vez recordaría... Y las lágrimas de Lidia continuaban una tras otra, regando, como una tumba, el abominable fin de su único sueño de felicidad.

Durante diez días la vida prosiguió en común, aunque Nébel estaba casi todo el día afuera. Por tácito acuerdo, Lidia y él se encontraban muy pocas veces solos; y aunque de noche volvían a verse, pasaban aún entonces largo tiempo callados.

Lidia misma tenía bastante qué hacer cuidando a su madre, postrada al fin. Como no había posibilidad de reconstruir lo ya podrido, y aun a trueque del peligro inmediato que ocasionara, Nébel pensó en suprimir la morfina. Pero se abstuvo una mañana que, entrando bruscamente en el comedor, sorprendió a Lidia que se bajaba precipitadamente las faldas. Tenía en la mano la jeringuilla, y fijó en Nébel su mirada espantada.

—¿Hace mucho tiempo que usas eso?—le preguntó él al fin.

—Sí—murmuró Lidia, doblando en una convulsión la aguja.

Nébel la miró aún y se encogió de hombros.

Sin embargo, como la madre repetía sus inyecciones con una frecuencia terrible para ahogar los dolores de su riñón que la morfina concluía de matar, Nébel se decidió a intentar la salvación de aquella desgraciada, sustrayéndole la droga.

—¡Octavio! ¡Me va a matar! —clamó ella con ronca súplica—. ¡Mi hijo Octavio! ¡No podría vivir un día!

—¡Es que no vivirá dos horas, si le dejo eso! —contestó Nébel.

—¡No importa, mi Octavio! ¡Dame, dame la morfina!

Nébel dejó que los brazos se tendieran a él inútilmente, y salió con Lidia.

—¿Tú sabes la gravedad del estado de tu madre?

—Sí... Los médicos me habían dicho...

El la miró fijamente.

—Es que está mucho peor de lo que imaginas.

Lidia se puso blanca, y mirando afuera ahogó un sollozo mordiéndose los labios.

—¿No hay médico aquí? —murmuró.

—Aquí no, ni en diez leguas a la redonda; pero buscaremos.

Esa tarde llegó el correo cuando estaban solos en el comedor, y Nébel abrió una carta.

—¿Noticias? —preguntó Lidia inquieta, levantando los ojos a él.

—Sí —repuso Nébel, prosiguiendo la lectura.

—¿Del médico? —volvió Lidia al rato, más ansiosa aún.

—No, de mi mujer —repuso él con la voz dura, sin levantar los ojos.

A las diez de la noche, Lidia llegó corriendo a la pieza de Nébel.

—¡Octavio! ¡Mamá se muere!...

Corrieron al cuarto de la enferma. Una intensa palidez cadaverizaba ya el rostro. Tenía los labios desmesuradamente hinchados y azules, y por entre ellos se escapaba un remedo de palabra, gutural y a boca llena:

—Pla... pla... pla...

Nébel vio enseguida sobre el velador el frasco de morfina, casi vacío.

—¡Es claro, se muere! ¿Quién le ha dado esto? —preguntó.

—¡No sé, Octavio! Hace un rato sentí ruido... Seguramente lo fue a buscar a tu cuarto cuando no estabas... ¡Mamá, pobre mamá! —cayó sollozando sobre el miserable brazo que pendía hasta el piso.

Nébel la pulsó: el corazón no daba más, y la temperatura caía. Al rato los labios callaron su pla... pla, y en la piel aparecieron grandes manchas violeta.

A la una de la mañana murió. Esa tarde, tras el entierro, Nébel esperó que Lidia concluyera de vestirse, mientras los peones cargaban las valijas en el carruaje.

—Toma esto —le dijo cuando ella estuvo a su lado, tendiéndole un cheque de diez mil pesos.

Lidia se estremeció violentamente, y sus ojos enrojecidos se fijaron de lleno en los de Nébel. Pero él sostuvo la mirada.

—¡Toma, pues! —repitió sorprendido.

· Lidia lo tomó y se bajó a recoger su valijita. Nébel entonces se inclinó sobre ella.

—Perdóname —le dijo—. No me juzgues peor de lo que soy.

En la estación esperaron un rato y sin hablar, junto a la escalerilla del vagón, pues el tren no salía aún. Cuando la campana sonó, Lidia le tendió la mano, que Nébel retuvo un momento en silencio. Luego, sin soltarla, cogió a Lidia de la cintura y la besó hondamente en la boca.

El tren partió. Inmóvil, Nébel siguió con la vista la ventanilla que se perdía.

Pero Lidia no se asomó.

 WILDE (1854 - 1900)

OSCAR WILDE

Oscar Fingal O'Flahertie Wills Wilde nació en Dublín el 16 de octubre de 1854. Su padre era un eminente oculista y su madre una poetista algo exaltada a la vez que una profunda conocedora de la mitología celta.

Wilde fue un estudiante brillantísimo en Dublín y en Oxford. En 1878 fijó su residencia en Londres. Casado con Constance Lloyd desde 1884 y padre de dos hijos Wilde se hizo un escritor famoso con sus obras *El príncipe feliz* (1888). Acusado de homosexual fue condenado a dos años de prisión. *La importancia de llamarse Ernesto* es su obra maestra de teatro. Murió en París repentinamente el 30 de noviembre de 1900.

 WILDE (1854 - 1900)

EL RUISEÑOR Y LA ROSA

—ijo ella que bailaría conmigo si le llevaba una rosa roja —exclamó el joven estudiante—; pero no hay en todo mi jardín una sola rosa roja.

Desde su nido de la encina oyóle el ruiseñor; miró por entre las hojas asombrado.

—¡No hay una sola rosa roja en todo mi jardín! —gritaba el estudiante.

Y sus bellos ojos se llenaban de lágrimas.

—¡Ah, de qué cosa más insignificante depende la felicidad! He leído todo cuanto han escrito los sabios; poseo todos los secretos de la Filosofía y tengo que sentirme desdichado por falta de una rosa roja.

—He aquí, por fin, el verdadero enamorado —se dijo el ruiseñor—. Lo he cantado todas las noches, aun sin conocerlo; noche tras noche he contado su historia a las estrellas, y ahora lo veo. Su cabellera es oscura como la flor del jacinto, y sus labios rojos como la rosa que desea; pero la pasión ha tornado su rostro pálido como el marfil y la tristeza le ha marcado en la frente con su sello.

—El príncipe da un baile mañana por la noche —murmuraba el joven estudiante— y mi adorada asistirá a la fiesta. Si le llevo una rosa roja bailará conmigo hasta el amanecer. Si le llevo una rosa roja la estrecharé en mis brazos. Reclinará su cabeza sobre mi hombro y su mano descansará en la mía. Pero como no hay rosas rojas en mi jardín, tendré que estar solo y ella no me hará caso ninguno. No se fijará en mí para nada y mi corazón se desgarrará.

—He aquí el verdadero enamorado —se dijo el ruiseñor—. Sufre todo lo que canto; todo lo que es alegría para mí, para él es dolor. Realmente, el Amor es una cosa maravillosa; es más precioso que las esmeraldas y más raro que los finos ópalos. Perlas y granadas no pueden comprarlo, porque no se halla expuesto en el mercado. No puede ser vendido por los mercaderes, ni puede ser pesado en la balanza para el oro.

—Los músicos estarán en su estrado —decia el joven estudiante—. Tocarán sus instrumentos, y mi adorada bailará a los sones del arpa y del violín. Bailará tan vaporosamente que sus pies no tocarán el suelo, y los cortesanos, con sus alegres atavíos, la rodearán solícitos. Pero conmigo no bailará, porque no tengo rosa roja que darle.

Y dejándose caer en el césped escondió su cara en las manos y lloró.

—¿Por qué llora? —preguntó una lagartija verde correteando cerca de él con su cola levantada.

—Sí, ¿por qué? —dijo una mariposa que revoloteaba persiguiendo un rayo de sol.

—Eso es, ¿por qué? —murmuró una margarita a su vecina, con una dulce vocecilla.

—Llora por una rosa roja —dijo el ruiseñor.

—¿Por una rosa roja? —exclamaron—. ¡Qué ridiculez!

Y la lagartija, que era algo cínica, se echó a reír con todas sus ganas.

Pero el ruiseñor, que comprendía el secreto de la pena del estudiante, permaneció silencioso en la encina reflexionando en el misterio del amor.

De pronto desplegó sus alas oscuras y emprendió el vuelo.

Pasó por el bosque como una sombra, y como una sombra cruzó el jardín.

En el centro del prado se levantaba un hermoso rosal, y al verlo voló hacia él y se posó sobre una ramita.

—Dame una rosa roja —gritó— y te cantaré mi canción más dulce.

Pero el rosal sacudió la cabeza.

—Mis rosas son blancas —contestó—, tan blancas como la espuma del mar, más blancas que la nieve en la montaña. Pero ve en busca del hermano mío que crece alrededor del viejo reloj de sol, y quizá él te dé lo que quieres.

El ruiseñor voló hacia el rosal que crecía en torno al viejo reloj de sol.

—Dame una rosa roja —gritó— y te cantaré mi canción más dulce.

Pero el rosal sacudió la cabeza.

—Mis rosas son amarillas —respondió—, tan amarillas como los cabellos de las sirenas que se sientan sobre un trono de ámbar, y más amarillas que el narciso que florece en el prado, antes que llegue el segador con su hoz. Pero ve en busca de mi hermano, el que crece debajo de la ventana del estudiante, y quizás él te dé lo que quieres.

Y el ruiseñor voló hacia el rosal que crecía debajo de la ventana del estudiante.

—Dame una rosa roja —gritó— y te cantaré mi canción más dulce.

Pero el rosal sacudió la cabeza.

—Mis rosas son rojas —respondió—, tan rojas como las patas de las palomas, y más rojas que los grandes abanicos de coral que el Océano mece en sus abismos. Pero el invierno ha helado mis venas, la escarcha ha marchitado mis botones, la borrasca ha partido mis ramas, y no tendré ya rosas en todo este año.

—No necesito más que una rosa roja —gritó el ruiseñor—, sólo una rosa roja. ¿No hay ningún medio de que yo la consiga?

—Hay un medio —respondió el rosal—; pero es tan terrible que no me atrevo a decírtelo.

—Dímelo —replicó el ruiseñor—. No tengo miedo.

—Si quieres una rosa roja —dijo el rosal—, tienes que hacerla con música, al claro de luna, y teñirla con la sangre de tu propio corazón. Cantarás para mí con el pecho apoyado en una espina. Cantarás para mí durante toda la noche, y la espina te atravesará el corazón, y la sangre de tu vida correrá por mis venas, y se convertirá en sangre mía.

—La muerte es un alto precio para pagar una rosa roja —exclamó el ruiseñor—, y todo el mundo ama la vida. Es grato posarse en el verde bosque, y mirar al sol en su carro de oro y a la luna en su carro de perlas. Dulce es el olor del espino, y dulces son las campanillas que se esconden en el valle, y el brezo que florece en la colina. Sin embargo, el Amor es mejor que la vida, y ¿qué es el corazón de un pájaro comparado con el de un hombre?

Entonces desplegó sus alas oscuras y emprendió el vuelo. Pasó por el jardín como una sombra, y como una sombra cruzó la arboleda.

El joven estudiante permanecía tendido sobre el césped, allí donde le dejó, y las lágrimas no se habían secado aún en sus bellos ojos.

—Sé feliz —gritó el ruiseñor—, sé feliz; ¡tendrás tu rosa roja! La crearé con música al claro de luna y la teñiré con la sangre de mi propio corazón. Lo único que te pido en cambio es que seas un verdadero enamorado, porque el Amor es más sabio que la Filosofía, aunque ésta lo sea, y más fuerte que el poder, aunque éste lo sea. Sus alas son llamas coloridas, y su cuerpo color de fuego. Sus labios son dulces como la miel y su aliento es como el incienso.

El estudiante levantó los ojos del césped y escuchó, pero no pudo comprender lo que decía el ruiseñor, pues únicamente sabía las cosas que están escritas en los libros.

Pero la encina lo comprendió y se puso triste, porque amaba mucho al pequeño ruiseñor que había construido el nido en sus ramas.

—Cántame una última canción —murmuró—. ¡Me quedaré tan triste cuando te vayas!...

Y el ruiseñor cantó para la encina, y su voz era como el agua que burbujea en una jarra de plata.

Al terminar su canción, el estudiante se levantó, sacando su cuadernito de notas y su lápiz del bolsillo.

—Tiene estilo —se decía, paseándose por la alameda—, esto es innegable, pero ¿siente? Me temo que no. En realidad es como muchos artistas; todo estilo, sin nada de sinceridad. No se sacrifica por los demás. No piensa más que en la música y, como todo el mundo sabe, es egoísta. Ciertamente no puede negarse que su voz tiene notas muy bellas. ¡Qué lástima que todo eso no tenga sentido alguno o que no persiga ningún fin práctico!

Y entrando en su habitación, se acostó sobre su jergoncito, y se puso a pensar en su amor, y al cabo de un momento se quedó dormido.

Y cuando la luna brilló en los cielos, el ruiseñor voló al rosal, y colocó su pecho contra la espina.

Y toda la noche cantó con el pecho apoyado contra la espina, y la fría luna de cristal se detuvo y estuvo escuchando. Cantó durante toda la noche, y la espina penetraba cada vez más en su pecho, y la sangre de su vida fluía de su pecho.

Al principio cantó el nacimiento del amor en el corazón de un joven y de una muchacha. Y sobre la rama más alta del rosal floreció una rosa maravillosa, pétalo por pétalo, canción tras canción.

Primero era pálida como la bruma que flota sobre el río..., pálida como los pies de la mañana y argentada como las alas de la aurora.

La rosa que florecía sobre la rama más alta del rosal parecía el reflejo de una rosa en un espejo de plata, el reflejo de una rosa en una laguna.

Pero el rosal gritó al ruiseñor que se apretase más contra la espina.

—¡Apriétate más, pequeño ruiseñor —gritó el rosal—, o llegará el día antes que la rosa esté terminada!

Y el ruiseñor se apretó más contra la espina y su canto creció más sonoro, porque cantaba el nacimiento de la pasión en el alma de un hombre y de una virgen.

Y un delicado rubor apareció sobre los pétalos de la rosa, lo mismo que enrojece la cara de un enamorado que besa los labios de su prometida.

Pero la espina no había llegado aún al corazón del ruiseñor, y el corazón de la rosa seguía blanco, porque sólo la sangre de un ruiseñor puede colorear el corazón de una rosa.

Y el rosal gritó al ruiseñor que se apretase más contra la espina.

—¡Apriétate más, pequeño ruiseñor —gritó el rosal—, o llegará el día antes que la rosa esté terminada!

Y el ruiseñor se apretó aún más contra la espina, y la espina tocó su corazón, y sintió en él un cruel espasmo de dolor.

Cuanto más acerbo era su dolor, más impetuoso salía su canto, porque cantaba el Amor sublimizado por la Muerte, el amor que no fenece en la tumba.

Y la rosa maravillosa enrojeció como la rosa del cielo oriental. Purpúreo era el cerco de pétalos, y purpúreo como un rubí era el corazón.

Pero la voz del ruiseñor desfalleció y sus breves alas empezaron a batir y una nube se extendió sobre sus ojos.

Su canto se fue debilitando cada vez más y sintió que algo le cerraba la garganta.

Entonces su canto tuvo un último estallido de música. La blanca luna le oyó, y olvidándose de la aurora, se detuvo en el cielo.

La rosa roja le oyó; tembló toda ella de arrobamiento y abrió sus pétalos al aire frío de la mañana.

Eco le condujo hacia su caverna purpúrea de las colinas y despertó de sus sueños a los pastores dormidos.

Flotó entre los cañaverales del río, que llevaron su mensaje al mar.

—¡Mira, mira! —gritó el rosal—. ¡Ya está terminada la rosa!

Pero el ruiseñor no respondió: yacía muerto sobre las altas hierbas, con el corazón traspasado por la espina.

A mediodía el estudiante abrió su ventana y miró hacia afuera.

—¡Qué maravillosa obra de la suerte! —exclamó—. ¡He aquí una rosa roja! No he visto una rosa semejante en toda mi vida. Es tan bella, que estoy seguro que debe tener un largo nombre en latín.

E inclinándose la arrancó.

Se puso el sombrero y corrió a casa del profesor con su rosa en la mano.

La hija del profesor estaba sentada a la puerta; devanaba seda azul sobre un carrete con su perrito echado a los pies.

—Dijisteis que bailarías conmigo si os traía una rosa roja —dijo el estudiante—. He aquí la rosa más roja del mundo. Esta noche la prenderéis cerca de vuestro corazón, y cuando bailemos juntos ella os dirá cuánto os amo.

Pero la joven frunció las cejas.

—Temo que esta rosa no case con mi vestido —respondió—, y además, el sobrino del chambelán me ha enviado varias joyas de verdad, y todos saben que las joyas cuestan más que las flores.

—¡Bien, a fe mía que sois una ingrata! —dijo el estudiante con aspereza.

Y tiró la rosa al arroyo, donde un pesado carro la aplastó.

—¡Ingrata! —dijo la joven—. Os diré que sois muy grosero, y después de todo, ¿quién sois? Solamente un estudiante. No creo que tengáis hebillas de plata en los zapatos como las del sobrino del chambelán.

Y levantándose de su silla se metió en la casa.

—¡Qué tontería es el amor!—se decía el estudiante a su regreso—. No es ni la mitad de útil que la Lógica, porque no puede probar nada, habla siempre de cosas que no sucederán, y hace creer a la gente cosas que no son ciertas. Realmente, no es nada práctico, y en nuestra época todo estriba en ser práctico. Voy a volver a la Filosofía y al estudio de la Metafísica.

Y ya de vuelta en su habitación, sacó un gran libro polvoriento, y se puso a leer.

FERNANFLOR (1840 - 1902)

ISIDORO FERNÁNDEZ FLÓREZ

Nació en Madrid en 1840. Sus obras son conocidas con el seudónimo de Fernanflor y tambien con el de Un lunático. Su estilo es cuidadoso y sus temas muy originales. Publicó un gran número de artículos escritos con un lenguaje satírico e inclusive burlón. Sus *Cuentos* fueron prologados en 1904 por Benito Peréz Galdos. Murió en 1902.

 FERNANFLOR (1840 - 1902)

LA ESCALERA

—¿Sabes quién ha vuelto de París? —me preguntó ayer un amigo.

—¡Qué he de saber, hombre! Vamos, dime quién.

—¡Marianito Lucientes!

Y ahora voy a contar a ustedes por qué se había marchado a París Marianito.

Hace cuatro años, y a eso de las once de la noche, me dirigía yo hacia mi casa, por la calle Mayor, cuando, de pronto, sentí un golpe violento en la espalda. Me volví, sorprendido y furioso, y vi que el golpe me lo había dado un caballero que llevaba una escalera en el hombro. Un caballero, sí, señores, y esto era lo sorprendente.

Él siguió, sin decirme una palabra, con paso rápido, con ademán descompuesto, y hasta me pareció que hablando a media voz consigo mismo.

Me quedé atónito; acababa de conocer en el caballero de la escalera a mi amigo Lucientes; un joven distinguido, letrado, empleado en el Ministerio de Hacienda, con sus puntas y ribetes de poeta y músico.

—No puede ser él —me dije—. Sí, es él —añadí—, es que se ha vuelto loco.

Y eché tras él, hacia los Consejos, gritando:

—¡Eh, Marianito!

Pero Marianito no volvió la cabeza.

Era una noche de febrero, clara, pero muy fría; la calle estaba desierta.

—¡Estás loco! No es posible dudarlo. ¡Una persona decente por la calle, con una escalera, ni más ni menos que un cartelero! ¿Qué misterio es este?

Pero Marianito no corría, volaba. Verdad es que la escalera era muy delgada y corta.

Marianito llegó al final de la calle Mayor, y, en vez de torcer hacia Palacio, como yo me figuraba, entró en el Viaducto.

Una idea terrible atravesó mi cerebro. Acababan de alzar la verja del puente, con objeto de que los desesperados de la vida no pudieran arrojarse de un salto, como estaba de moda.

En efecto; Mariano entró en el puente, y, antes de llegar al centro, aplicó la escalera a la barandilla, subió un tramo...

Y no subió más, porque yo le agarré del paletó[1] y le obligué a bajar violentamente.

---

[1] *paletó:* gabán de paño grueso, largo y entallado.

—¡Dejadme! ¡Dejadme! —exclamó, levantándose del suelo, pálido como la cera, con los ojos extraviados y dispuesto a luchar conmigo para realizar su propósito.

—¡Qué he de dejarte! ¡Dame el brazo, vente conmigo o llamo a la pareja[2] y hago que te lleven a la cárcel!

No había pareja ninguna; pero mi afirmación le convenció de que le era imposible realizar su suicidio. Me dio el brazo, bajó la cabeza, rompió en sollozos, y sentí que en mis manos caían sus ardientes lágrimas.

Como una hora estuvimos andando por las calles extraviadas de Madrid, sin que él ni yo pronunciásemos palabra. De este modo llegamos hasta la plazuela de las Cortes. Allí, al fin, me decidí a interpelarle.

—Pero, hombre —le dije—, tú, el hombre feliz por excelencia; querido de tus jefes, de tus amigos, de las mujeres en general, y de tu hermosísima novia en particular... Explícame, que no comprendo... ¿No ibas a ser más dichoso que nunca?... ¿No ibas a realizar tu sueño dorado?... ¿A casarte?

—¡Oh, fementida! ¡No me hables de ella! ¡Mujer inicua, vil!

Me quedé consternado.

—¿Qué dices? ¿Ella, un ángel de hermosura y de bondad, todo amor, todo constancia?... ¿No me lo has dicho cien veces?

—Sí, te lo he dicho. ¡Oh! ¡Quién puede bucear en ese abismo que se llama corazón de la mujer! ¡Me he engañado: su amor era mentira;

---

[2] Se refiere a la pareja de policías.

su rostro angelical es una máscara que oculta el semblante del más repugnante materialismo!

—Me confundes. Cuéntamelo todo. Soy yo, tu amigo de la infancia. ¿Dudas de mi amistad?

—No, aunque me hayas salvado la vida. Escucha, pues. Ya lo sabes: había decidido casarme con Julia: yo lo deseaba, y, por otra parte, su madre me había hecho indicaciones tan explícitas, que no tenía más remedio que pedir su mano o no volver por la casa. Yo no dudaba del amor de Julia. ¿Qué dudar? ¡Si creo que creo en él todavía! Sin embargo, aunque esperaba ser feliz con ella, me inquietaba su afición a los placeres, al lujo, a todo género de vanidades. ¡Lo que esa mujer me ha hecho gastar en butacas para los teatros, en *bouquets*[3], en chucherías y, ahora me atrevo a decirlo, en alguna que otra joya de excesivo valor para mí, y que ella fingía regalo de algunas amigas! Pero yo encontraba todo esto disculpable. ¿No es natural que la mujer se complazca en regalarse y brillar, y más quien, como Julia, es tan bonita? Cuando se case —decía yo— dejará de ser frívola, y será buena mujer de su marido y de su casa. El día en que ella supo que yo había pedido su mano, manifestó júbilo; pero me dijo... que no corría prisa.

—¡Rara contestación! —exclamé.

Lucientes continuó:

—Mira —me dijo la pérfida—, yo te quiero mucho, muchito, de todas veras, más de lo que tú te figuras; pero no soy tan impaciente como mi mamá. ¿No me has dicho que te darán pronto un ascenso? ¿Que ese ministro amigo tuyo quiere que seas diputado?

---

[3] *bouquets*: ramilletes de flores.

¿Que tienes proyectos importantes para mejorar de fortuna? ¿Y por qué no esperar?... ¿No crees en mi cariño? ¡Jamás, jamás seré de nadie, sino tuya!

No sé qué inquietud se apoderó de mí. Sus ojos expresaban amor; pero sus frases...

La madre, por el contrario, muy satisfecha, me convidó a comer aquel día.

—Come con nosotros —me dijo— un antiguo amigo de mi difunto esposo; uno de los más ricos propietarios de Valladolid. Parece que se vuelve a fijar en la corte. ¡Mire usted lo que le ha regalado a Julia en recuerdo de la amistad que él tuvo con su padre!

Y me mostró una caja para guantes, de cristal y plata, que valdría muy bien sus quinientos duros.

Un frío glacial corrió por mi cuerpo.

—¡Ese señor debe ser muy rico! —exclamé mirando a Julia.

Julia bajó los ojos y se puso a hojear un álbum.

—¿Y es joven?—pregunté.

—¡Tiene la edad de todo el mundo! —contestó la madre—. Cincuenta años.

Salí de la casa; todo lo veía negro; sospechaba una horrible traición; pero cuando recordaba su semblante candoroso, sus juramentos, renacía mi esperanza.

Comí con ellos, con el gran propietario y con doña Matilde, tía de Julia; ya la conoces.

El gran propietario habló de sus dehesas, de los millones que tenía en fincas urbanas, en acciones del Banco de España y en papel del Estado; afirmó que había resuelto establecerse en Madrid, abonarse a todos los teatros, a palco; comprar coches, tener gran mesa, dar magníficos bailes, y, en fin, gastar sus inmensas rentas alegremente.

—¡Pero, qué dice usted! —exclamó la mamá de Julia—. ¿Qué dice usted, Sr. D. Plácido? Todo eso no me parece que debe hacerlo un hombre viudo.

Y dejó caer estas palabras con *retintín:*

—¡Ya! ¡Es que pienso casarme!

Y lanzó a Julia una mirada de triunfador, que, de rechazo, se entró en mi pecho como una saeta.

D. Plácido era un hombre ya maduro; bajo, muy gordo, coloradísimo; pero no antipático; sus modales eran presuntuosos; en todo él se adivinaba su dinero.

Había comido como un elefante.

Concluida la comida, me levanté y quise marcharme.

—Espérese usted —me dijo la tía de Julia—; mi sobrina tiene que decir a usted dos palabras.

Esperé.

Noté que la madre y la tía de Julia hablaron mucho con don Plácido; la madre expresaba sorpresa y placer a un tiempo. Creí notar que me dirigía miradas de piedad. Me acerqué a la tía, y la dije:

—Diga usted a Julia que soy yo quien tiene que hablarla; que venga, o doy un escándalo.

Julia vino, entró conmigo en uno de los gabinetes de la sala, y... ¡oh!... ¡imposible, imposible que yo te diga lo que me dijo, y, sobre todo, cómo dijo aquellas satánicas palabras! ¿Eran sus ojos o era su voz quien mentía? ¡Oh! ¡Toda ella, ojos, voz, carne, espíritu, era una perfidia, una infamia!

Se irguió como el bandido heroico que desafía el patíbulo, y me dijo:

—¡*Te amo...* pero me caso!

—¡Miserable! —exclamé.

Y todo mi amor se convirtió en ira y en desprecio... ¡No sé cómo mis manos no la deshicieron allí mismo!

Salí tambaleándome, loco, muriéndome, y anduve toda la noche, como ahora, por las calles.

Al día siguiente supe que la boda se formalizaba, que debía verificarse hoy... ¡Hoy se habrá verificado! ¿Comprendes, al fin?

—¡Pobre amigo mío! —exclamé, dándole un abrazo.

Y le llevé a mi casa, en la cual, hablando y hablando, pasamos la noche.

* * *

Por la mañana le acompañé a la suya.

—Señorito —le dijo su criada—, dentro hay una señora de edad que le espera a usted; dice que es doña Matilde.

Era la tía, que le alargó un papel.

—¿Qué es esto? —exclamó Mariano—. ¿Qué significa?...

—Esta carta para usted, de Julia.

Abrió, temblando, el sobre, y leyó:

«¡Adiós por siempre, Mariano. Perdóname, y ruega por mí al cielo, que te venga y me castiga!»

Miró a doña Matilde con estupor.

—¡Claro —exclamó ella—, cómo se ha de figurar usted! ¡Ni nadie! Vamos al grano. ¡Pobre sobrina mía! Ayer debía casarse... Bueno... ¡Y qué boda! Todas la envidiaban. Pues, no; el señor D. Plácido, después de almorzar, tuvo un ataque apoplético[4], y por la noche murió. Cuando Julia recibió la noticia, se quedó como el mármol, sin decir esta boca es mía ni derramar una lágrima. Había ido a casa de D. Plácido, pero no quiso verle morir. Un momento después se la echó de menos. He aquí lo que había pasado: salió como una loca, gritando: «¡Todo, todo lo he perdido!». Tomó por la calle Mayor, sin abrigo, a pesar de la noche; llegó a los

---
[4] Ataque de apoplejía, suspensión de la actividad cerebral.

Consejos, y se entró en el Viaducto... ¡Desgraciada! ¿A qué decir a usted más?...

Mariano cerró los ojos y se los cubrió con ambas manos. Después de un rato...

—Pero, señor —dijo Lucientes—, la barandilla del puente es muy alta; ¿cómo pudo arrojarse? ¿Cómo no se lo impidieron?

—¡La fatalidad! —exclamó la tía de Julia—. No se sabe cuándo ni quién había puesto una escalera...

Lucientes no pudo oír más. Cayó redondo.

 PRÉVOST (1862 - 1941)

MARCEL PRÉVOST

Marcel Prévost, novelista y autor dramático francés nacido en París (1862-1941). Experto psicólogo capaz de penetrar el espíritu femenino. Escritor vigoroso que supo examinar cuidadosamente los problemas planteados por los costumbres contemporáneas.

En 1909, sucedió en la Academia francesa a Victoriano Sardou. Su libro *Cartas de mujeres* recoge preciosas historias de amor contadas por mujeres honradas y virtuosas, pero asediadas por las pasiones del amor.

 PRÉVOST (1862 - 1941)

NUEVA PRIMAVERA

La marquesa de Beauchamp a la señora de Ascq.

i querida Noemí, hoy cumplo cuarenta y dos años; tú, apenas si has cumplido los cuarenta. Tengo cuarenta y dos años; soy dos veces madre y una vez abuela; heme aquí, lo mismo que tú, en esa jornada de la vida en que cada palabra que leemos o que oímos, cada mirada que dejamos caer sobre los seres o los objetos que nos rodean parecen anunciarnos que ya se acabaron las horas de ilusión, que es menester que resueltamente tomemos nuestro retiro en la caridad y en la devoción.

Y, no obstante, no estoy triste ni malhumorada; a pesar de los precitados avisos, saludo los primeros rayos del sol de marzo con la misma alegría que hace treinta años, cuando, cogidas mutuamente de la cintura, íbamos juntas a ver los nuevos brotes de yemas en los árboles del colegio. Y es que, en realidad, tengo treinta años menos; acabo de volverme joven, más joven aún que en aquel tiempo. ¿Sabes por qué? Porque amo.

¡Sí, amo! ¡Oh, por favor, no te mofes de esta confidencia, tú la única a quien me atrevo a hacerla, a quien necesito hacerla; tú la querida amiga que, por espacio de tanto tiempo, has soñado, padecido, amado conmigo, en ideal consorcio de nuestros corazones! Amo seria y locamente, amo con el calor de ternura y la fuga de deseo que pueden aportar el corazón y los sentidos más nuevos a la primera pasión de juventud. ¿He de decírtelo? Noto que sólo hoy es cuando verdaderamente he amado.

El suceso se verificó insensible y bruscamente; paréceme como que tiene ya largos años de fecha, y, al mismo tiempo, que, cual una tormenta, acaba de estallar de repente. De todas veras te confieso que la primera vez que vi a ese joven, —fue el año pasado, a principio de vacaciones, llegaba a Beauchamp para preparar a mi hijo al examen de ingreso en la escuela militar de Saint-Cyr—, gran extrañeza me causara quien me hubiera dicho que día llegaría en que del adolescente delicado, tímido y grave, que delante de mí estaba, habría de trastornarme el alma con sólo mirarme o rozar mi mano. Y sin embargo, desde aquel minuto de la presentación sentí que existía entre el recién llegado y yo una afinidad secreta, una necesidad de conocerse uno a otro, y, por decirlo así, de penetrarse el alma; tuve la certeza de que seríamos amigos, tiernamente amigos. Jamás, entonces, hubiera yo pensado: amantes. Pues entonces yo era todavía lo que se ha dado en llamar una mujer honrada; ¡nadie mejor que tú sabe que digo verdad!

¡Oh, Noemí!, aquellos días de vacaciones de julio a septiembre brillan como estrellas en mi pasado. No tardamos en conocernos, Roberto y yo; conseguí desarmar su timidez con esas dulces palabras sueltas cuyo secreto poseemos, nosotras mujeres, así como también conocemos y sabemos emplear esas palabras breves que hielan el ánimo de los más atrevidos y paralizan los primeros ímpetus. Diez años antes, sin duda que me hubiese divertido en jugar con aquel niño inexperto; habría tratado de encender su deseo, exacerbándolo después con bruscas frialdades y sabias negativas, hasta producir en él ese estado de locura y de exasperación que nos pone de manifiesto, a nosotras mismas, la prueba de nuestro poderío. Nada de eso hice, querida. Parecíame como que me era tasado el tiempo, y que no podía desperdiciar ni un minuto en inútiles fingimientos. Manifesté con abandono al profesor de mi hijo que me gustaba su compañía; no le oculté que su cara, que su modo de ser, y que hasta el mismo sonido de su voz me eran gratos; le incité a que me consagrara los momentos de libertad que le dejaban las lecciones que daba a mi hijo y los estudios que él mismo proseguía. De haber tenido menos inexperiencia o más perversidad, veinte veces, en aquellos tres meses, hubiera podido tomarme, y me hubiese yo abandonado con agradecimiento. Se contentó con dejarse amar, indeciso, pensativo; feliz, en suma. Entonces lo adoré.

Lo adoré, y yo fui la que me volví inquieta, casi tímida. ¿Y él, me amaba? Ciertamente que le gustaba mi compañía y que me agradecía el cariño que le demostraba. Pero, ¿me amaba como debe amar un amante?, en una palabra, ¿me deseaba? Interrogaba yo, cuando me hallaba sola, todos los espejos del castillo; trataba de juzgar mi rostro con indiferencia y sinceridad, como se juzga un rostro extraño. ¡Ay!, me daba cuenta de que aún era hermosa, pero de una hermosura marchitada por los años, por la maternidad, por las penas y las desilusiones. ¿Por qué ha de ajarse primero nuestra cara, querida? ¿Por qué principiamos a envejecer por esa parte de nuestro cuerpo que la gente ve al desnudo, en tanto que tenemos que ocultar todo lo demás, todo lo que, a veces, queda apetecible, joven, hasta los umbrales de la vejez? ¿Estas palabras te asombran, dichas por mí, por una mujer que se ha mantenido en la más rigurosa honradez hasta más allá de los cuarenta, y que, hasta entonces, se había celosamente ocultado, aun a las miradas de su marido? Pues bien, tal era mi miedo de no parecerle joven a Roberto, tal era *mi deseo de ser deseada,* que llamaba con ansia una casualidad que le descubriera lo que oculta el misterio de la ropa exterior: la parte del cuerpo que no había envejecido, ¡no me engañaba mi instinto!, la parte que, desde el pecho a los tobillos, era más apetecible más hecha para el amor que el cuerpo impreciso de una virgen. Sí, yo, yo mujer honrada, yo madre y abuela, he empleado artificios de cortesana para revelar a Roberto mis hombros, mis brazos, mi pecho.

Me he dejado ver saliendo del agua, con la franela clara de mi traje de baño pegada a mi carne, que se transparentaba... ¡Qué me importa confesar todo esto! ¡Le amaba!

Así y todo, los días de vacaciones corrían con espantosa rapidez; ya finalizaba septiembre. Mi hijo acababa de ser admitido en Saint-Cyr: Roberto, ya sólo como convidado, —como amigo—, permanecía en Beauchamp; iba a dejarnos, y ninguna confesión amorosa había mediado entre él y yo. Cuando pensaba que ya pronto cesaría de verle, que aquella vida que por espacio de unos momentos había transcurrido cerca de la mía, iba a continuarse lejos de mí que dentro de poco otras mujeres aprisionarían en sus brazos a aquella criatura adorada, que recibirían sus confidencias y sus caricias, parecíame que mi propia vida estaba a punto de terminar, que veía mi féretro abierto delante de mí. Me consumía buscando un medio que me permitiese conservarlo a mi lado, o, por lo menos, volverlo a ver. Pero nada encontraba.

Pues bien, ese medio existía; era de una pasmosa sencillez; pero mi marido fue quien dio con él.

El 22 de septiembre, el marqués, que se presentaba como candidato a la diputación en nuestro distrito, por doloroso sacrificio monárquico y porque así lo exigía la situación, fue electo, cosa que no esperábamos. Ya que quedaron un tanto amortiguadas las primeras alegrías de triunfo, mi marido, al ocuparnos de nuestros proyectos de vida en París, me tomó aparte y me dijo:

—Querida amiga, soy diputado: muy bien pero no me propongo alborotar la Cámara, ni competir con las ilustraciones de nuestro partido. No obstante, por muy apartado que viva de las luchas políticas, el mandatario de un distrito tiene que cumplir ciertas tareas, como, por ejemplo, las de comisión y las relaciones con sus electores. Ahora bien, me agrada ser diputado, pero no me agrada, a mi edad, pasarme días enteros rebuscando notas entre papelotes. Necesito un secretario. ¿Qué le parece a usted Roberto para ese puesto? Es inteligente, trabajador; no tiene aún posición fija, y la que yo le ofrecería habría de serle muy útil; le crearía relaciones que de seguro sabría él aprovechar.

Dios concede gracias especiales para cada estado: aguanté sin pestañear, y hasta hice algunas objeciones. El marqués las zanjó todas y acabó por decirme, al separarse de mí:

—Usted conoce a ese chico mejor que yo; háblele la primera de ese proyecto, y trate de hacérselo aceptar.

Eran entonces las diez y media de la noche. Tan lleno y tan alborotado tenía yo el corazón, que no me fue posible quedarme en el castillo. Me eché un chal sobre los hombros y bajé al parque, obscuro y silencioso en aquella hora. No bien estuve fuera, alcé los ojos: una luz brillaba detrás de los cristales del cuarto habitado por Roberto; no dormía aún. Bruscamente, una idea se apoderó de mí, me dominó: subir hasta aquel cuarto, ver enseguida a aquella amada criatura, someterle el proyecto del marqués y obtener su consentimiento. Todas las objeciones de conveniencia, todas las rebeliones del pudor, todo eso lo rechacé. Poco después llamaba yo a su puerta; dijo: «¡Adelante!» con voz distraída, creyendo sin duda que era algún criado... Y entré... Pero apenas hube franqueado el umbral y visto a Roberto sentado ante su mesa de trabajo, vestido solamente con una camisa de noche mal abrochada y un pantalón, cuando vi su adorable rostro alumbrado por la lámpara, mi valor me abandonó: la extrañeza, el impudor del paso que daba se me aparecieron de repente. Sentí que se abría el suelo; mis dedos se agarraron a la puerta, y me hubiera caído, de no acudir Roberto y recibirme en sus brazos.

¡Oh, qué despertar después de aquel desmayo!

¡Roberto arrodillado junto a mí, desgarrándose los dedos con los corchetes de mi corsé, con sus cabellos dorados cerca de mis labios! Así permanecí algunos segundos, inmóvil, saboreando aquel dulce socorro; después, cogí entre mis manos la cabeza rubia, la alcé despacito, besé aquellos ojos que tantas cosas expresaban, aquella boca entreabierta... Y como me devolvía mis besos, murmuré a su oído:

¿Qué piensa usted de mí, ahora?

Me contestó:

—¡La adoro a usted... Por favor, no deseche mis caricias!

Te aseguro que no me resistí mucho. Cuanto deseó de mí, se lo di sin lucha en aquella divina noche de ternura. Las que dosifican su abandono, las que ceden por etapas, ésas, no aman de verdad. ¿Sabía yo siquiera, en semejantes minutos, a dónde miraban sus ojos, dónde se posaban sus labios?... Todo lo olvidaba, todo, excepto que mi más ardiente ensueño era por fin realizado; que Roberto me deseaba, me amaba, me poseía... Sólo en el momento en que tuvimos que separarnos, sólo entonces fue cuando transmití la proposición del marqués.

Aceptó, por cariño hacia mí. Nos ha seguido a París...

Y nada más. Ya hace más de cuatro meses que dura el ensueño, y no ha disminuido mi dicha, y me parece que soy amada con el mismo ardor. Roberto y yo vivimos bajo el mismo techo, cual dos amantes libres o cual dos esposos. Te oigo protestar, gritar que eso es inmoral; te preguntas si en efecto soy yo, yo que jamás tuve querido alguno cuando tantos hombres me deseaban, si soy yo la que así se entrega, en su propia casa, a un joven que apenas tiene la mitad de mis años... Sí, soy yo; hago lo que te cuento, y ningún remordimiento me atormenta. ¡Amo lo suficiente a Roberto para afrontar por él el desprecio y el escándalo del mundo! Pero, gracias a Dios, a nadie hago daño ni a nadie avergüenzo. Mis hijos están lejos de mí; cuando los tenía a mi lado, sólo castos ejemplos recibieron de su madre. Mi marido, desde hace diez años, sólo es para mí un amigo solícito y cariñoso: de modo que nada le robo de lo que le es debido. Y en cuanto al adolescente de quien soy la querida, a ése le doy el bien más apetecible: el recuerdo de un amor sincero, desinteresado, absoluto —es decir, lo suficiente para que quede templado su corazón mientras viva, y un refugio contra todas las horas negras del porvenir...

No, no tengo remordimientos... De lo que sí me arrepiento es de haber buscado antes excusas para mi acción.

¡Lo adoro!, ¡lo adoro!

 BOCCACCIO (1313 - 1375)

GIOVANNI BOCCACCIO

Nació en Italia en 1313. Hijo ilegítimo de un mercader y de una dama francesa. En 1330 fue enviado a Nápoles como aprendiz de mercader. Allí estudió derecho. En 1340 su padre tuvo una quiebra bancaria en Florencia donde tuvo que radicarse su hijo. Tuvo cinco hijos.

Analizó profundamente *La divina comedia,* y su libro *Decamerón* es un clásico universal que gira alrededor del amor y no propiamente el platónico. El libro lo conforman cien cuentos siendo diez los narradores que se encierran en una quinta cercana a Florencia aislándose así de la peste que azota la ciudad y se cuentan entre sí las historias. Cada uno narraba un cuento diario. Boccaccio muere en 1375 en la casa de sus abuelos.

 BOCCACCIO (1313 - 1375)

SU CORAZÓN EN UNA COPA DE ORO

(Decamerón)

ancredo se llamaba el príncipe de Salerno. Todos le consideraban un señor caritativo y benevolente. Sin embargo, al llegar a la vejez, sus manos se mancharon de sangre enamorada. Sólo tuvo una hija en toda su vida, y más feliz hubiera llegado a ser de no haberla conocido nunca. La amó con ese sentimiento paternal cargado de ternura, brindándole los cuidados normales hasta que ella alcanzó la edad de contraer matrimonio. Sin embargo, a partir de entonces se obstinó en no alejarla de su lado para que nunca se casara. Finalmente, consintió en entregarla a un descendiente del duque de Capua; pero, no había transcurrido mucho tiempo, cuando la joven enviudó, con lo que debió regresar al hogar paterno. Era tan hermosa de cuerpo como de cara, hasta el punto de que no había ninguna otra que la igualase en las perfecciones físicas y espirituales. También poseía valentía y una inteligencia poco común en una mujer, acaso más de lo que en aquella época se podía consentir. Y al residir junto a un protector tan benevolente, cumpliendo el papel de gran señora, rodeada de las mayores delicadezas y, después de comprobar que su padre, empujado por el amor que la profesaba, no estaba dispuesto a volver a casarla, tomó la decisión de buscarse un amante. Pensaba encontrarse con el mismo a escondidas, siempre que el elegido fuera digno de tales honores.

Por cierto, en la corte de su padre podía elegir entre un numeroso grupo de hombres, aunque algunos no fueran hidalgos. Comenzó a analizar los hábitos de cada uno de ellos, hasta que terminó centrando su interés en un paje joven, de nombre Guiscardo, que servía al príncipe de Salerno y provenía de una cuna humilde. Algo que no le restaba dignidad, ya que en lo que se refiere a ésta superaba a todos los demás. Y como le trataba con frecuencia, comenzó a enamorarse perdidamente de él, aunque no se atrevió a iniciar ningún tipo de relación.

Poco tardó el elegido en conocer el interés de la hija de su señor, ya que era muy despierto y sagaz. Tal descubrimiento le desbordó el corazón, hasta el extremo de que no buscaba otra cosa que la oportunidad de manifestar sus sentimientos a la bella dama.

Y de esta manera, enamorados los dos en secreto, pero sin atreverse a confiárselo al otro, no hicieron nada más que desear el instante en que pudieran encontrarse a solas. Pero éste no se presentaba. Tampoco habían confiado sus deseos a terceras personas. Hasta que la princesa recurrió a una estratagema bastante singular: escribió una carta al paje, en la que le recomendaba lo que debía realizar al día siguiente con el fin de poderse entrevistar. Sin embargo, la carta la introdujo en un canuto y, al ver a Guiscardo, entre bromas le entregó el canuto a la vez que le decía:

—Puedes pedirle a tu criada que lo utilice como fuelle, para avivar el fuego soplando por el mismo.

El paje tomó el canuto y, adivinando que las palabras de su amada encerraban un doble sentido, su inteligencia le llevó a suponer lo que estaba ocurriendo. Por este motivo, nada más entrar en su casa, procuró examinar la cana. La partió con un cuchillo, lo que le permitió descubrir la carta de la hermosa joven. Una vez la hubo leído, comprendió a la perfección cómo debía actuar. Y más dichoso que hombre alguno haya podido sentirse en este mundo, se dispuso a entrevistarse con la princesa de acuerdo con las condiciones que ella le imponía.

Existía en las proximidades del palacio una cueva perforada en el monte desde hacía muchos años, la cual era iluminada parcialmente por la claridad que entraba por su boca, que siempre permanecía tapada por una gruesa piedra. Como la abertura nunca se utilizaba, al no conducir a ninguna parte, se hallaba medio obstruida por infinidad de hierbajos y zarzales. Esta gruta podía ser alcanzada sirviéndose de una escalera, que daba comienzo en una de las estancias de la planta baja del palacio. Precisamente las que correspondían a los aposentos de la bella dama. Es verdad que una gruesa trampilla impedía el acceso a la escalera; al mismo tiempo, de no ser utilizada se encontraba cubierta de herrumbre y, lo más importante, pocos conocían su existencia. Pero el Amor, al que nada de lo secretos y misterios se le escapa, había permitido que la princesa no olvidase lo que un día, siendo ella niña, le contase una de sus viejas amas. Y como se había cuidado de abrirla, no sin realizar un gran esfuerzo y llevarle varios días, al tener que interrumpir sus trabajos en el momento que creía poder ser sorprendida, tuvo la precaución de bajar a la cueva, examinarla en una parte y comprobar que contaba con una salida y una entrada cubierta por la piedra. Así pudo indicar a Guiscardo todos los pasos que debía andar. Primero, él se hizo con una cuerda provista de nudos y ganchos, los cuales iban a permitirle subir y bajar. También tuvo la precaución de vestirse de cuero, con el fin de evitar los pinchos de las zarzas.

Durante la tarde siguiente, sin hablar con nadie y tomando las mayores precauciones para no ser descubierto, caminó hasta donde estaba la cueva. Sujetó uno de los ganchos al grueso tronco de un árbol que crecía junto a la abertura, retiró la piedra de la entrada, y, por último se descolgó hasta el interior de la cavidad, donde esperó a la dama.

Mientras tanto, ésta hacía salir a sus doncellas del aposento alegando que iba a dormir. Una vez que se encontró sola, procuró abrir la trampilla sin hacer ruido y, al fin, bajó a la cueva. Pronto localizó a Guiscardo, al que le confesó sus sentimientos. Así dio comienzo un cortejo apasionado, que tuvo su colofón en el momento que los dos subieron al dormitorio, donde pasaron muchas horas compartiendo el mismo lecho. Y cuando supusieron que estaba a punto de llegar la hora de la cena, como entendían la necesidad de mantener ocultas sus relaciones, por apasionadas que fueran, el paje debió volver a descender a la gruta y, al momento, la dama procuró cerrar la trampilla, que cubrió con una alfombra. Seguidamente, fue en busca de sus doncellas.

Mientras tanto, el paje volvía a su casa sin ser descubierto. En vista de lo bien que había funcionado el sistema, los dos jóvenes lo repitieron con frecuencia, hasta que se excedieron o cometieron algún pequeño error, de ésos que la siempre despierta casualidad termina por percibir.

En efecto, quiso el destino, a veces envidioso del amor de unos jóvenes hermosos, dar pie a un juego de circunstancias casuales que quebrantarían el secreto que venía respaldando la relación entre la princesa y el paje. Tancredo, el amo del castillo, tenía la costumbre de entrar en las amplias estancias de su hija, con el deseo de charlar con ella a solas. Llevaba algún tiempo sin hacerlo; y como no tenía la costumbre de anunciar sus deseos, nada más terminar de comer, al mismo tiempo que Ghismunda, que era el nombre de su hija, estaba jugando en el jardín con sus doncellas, llegó allí cuando estaba solo, luego nadie vio lo que hacía. Dado que las ventanas estaban cerradas y las cortinas de la cama corridas, no dudó en elegir como asiento un escabel, que estaba situado a los pies del lecho. Debía hallarse bastante cansado, ya que nada más apoyar la cabeza en el respaldo de su asiento se quedó adormecido. De esta forma se encontró igual que si hubiera pretendido esconderse intencionadamente.

Quiso la fatalidad que Ghismunda hubiera pedido a Guiscardo que viniese a visitarla en esos mismos aposentos, ya que ella no disponía de otros. Abandonó a las doncellas que siempre le hacían compañía y entró en el lugar de sus citas secretas. Cerró la puerta con llave, sin advertir presencia humana alguna, debido a que su padre no era de los que respirasen fuerte o roncaran mientras dormitaban. En el momento que vio aparecer a Guiscardo, se abrazó a él, se besaron y marcharon a la cama, como hacían siempre. Y mientras estaban retozando como dos inocentes enamorados, Tancredo se despertó y, al momento, escuchó unos sonidos fáciles de reconocer y, después, pudo contemplar a quienes los realizaban. Como se sintió muy apenado, aunque superior fue la sensación de deshonra, estuvo a punto de romper en gritos y amenazas... Sin embargo, se detuvo a tiempo, por algo siempre había gozado de la fama de ser un enemigo muy astuto, ya que le habían asaltado repentinamente unas ideas demasiado sutiles. Por eso prefirió seguir oculto, con el fin de proceder de la forma más sigilosa. Se hallaba dispuesto a cobrarse la afrenta que se le estaba haciendo.

Es cierto que los dos amantes disfrutaron, ajenos a la amenaza, como acostumbraban. Y cuando estimaron que habían superado el tiempo prudencial, abandonaron el lecho y, poco más tarde, Guiscardo abrió la trampilla y se descolgó hasta la cueva. Seguidamente, la bella dama salió de sus aposentos. También abandonó Tancredo el lugar, descolgándose por una de las ventanas, a pesar de que ya no tenía edad para esos trotes. Se encontró en el jardín y, sin que nadie le viera, aunque llevaba unos minutos rugiendo de cólera, igual que si alguien le estuviera amenazando de muerte, volvió a sus estancias.

Su primera decisión fue la de ordenar que se montara vigilancia ante la cueva. Por este motivo, en el momento que Guiscardo salía de la misma, no sin encontrar grandes dificultades al haber crecido demasiadas zarzas, cuyos pinchos llegaban a atravesar sus ropas de cuero, se vio detenido por dos hombres armados. Después, manteniendo el secreto, se le condujo ante el príncipe, el cual casi gimió al decir:

—Guiscardo, jamás pude suponer que tú ibas a someterme a una ofensa tan grave. Porque lo he podido ver todo con mis propios ojos.

Al comprender de qué se le acusaba, el paje replicó con entereza:

—El amor siempre es más fuerte que el respeto que unos jóvenes debamos a nuestros mayores.

Dio órdenes Tancredo de que, sin contarle a nadie lo sucedido, aquel truhán fuese llevado a una habitación de los sótanos, donde quedaría bajo custodia. A la mañana siguiente, ya había meditado lo suficiente, pero se concedió aún el tiempo de la comida; luego, como era su costumbre, acudió a los aposentos de su hija, a la que mandó llamar al no encontrarla. Una vez la tuvo delante comenzó a decir con lágrimas en los ojos.

—A pesar de estar seguro de tu virtud y honestidad, Ghismunda, si alguien la hubiera puesto en duda, yo habría mandado azotarle. Pero lo que han visto mis ojos no admite duda alguna. Ya que has aceptado en el lecho a un hombre sin ser tu esposo. Por esta causa, siempre me sentiré muy dolorido por la afrenta, aunque sea muy poca la vida que mi vejez me concederá. ¡Y acaso hubiese llegado a dar gracias a Dios, a pesar de tu deshonestidad, en el caso de que hubieses elegido a un hombre de tu misma nobleza! Sin embargo, entre las docenas que se encuentran en el palacio, te atreviste a elegir a Guiscardo, vasallo de la más baja condición, al que yo permití vivir en mi corte, de caridad y criándolo desde muy niño. Bajo tanto pesar me has dejado, que desconozco el castigo que debo aplicarte. Respecto a ese maldito paje, al que mis hombres sorprendieron en el momento que salía de la cueva, ya he tomado una decisión; sin embargo, ¡bien sabe Dios que desconozco cuál ha de ser tu suerte! Siento el peso del amor de padre, que siempre ha sido superior a todos los que conozco; y, al mismo tiempo, estoy obligado a descargar mi justa furia contra tu pecado o gran locura. El primero me pide que sepa perdonarte, mientras que el segundo, el natural, me exige que te dé el trato más severo. No obstante, antes de adoptar cualquier decisión, quiero escuchar tus explicaciones.

Y en el momento que hubo terminado de hablar, bajó la cabeza y comenzó a gemir como un jovencito que acabara de ser maltratado física y moralmente. Mientras tanto, Ghismunda ya había asumido que su amor secreto acababa de ser descubierto y, lo peor, que Guiscardo se encontraba apresado. Esta idea le mordió el ánimo, hasta el punto de que estuvo lista para aullar de rabia. Pero, en el último momento, pudieron más su orgullo y su razón al entender que el llanto y la rabia le obligarían a perder la razón. Así mantuvo una extraordinaria firmeza al recuperar la serenidad, convencida de que no merecía la pena suplicar por su vida, cuando estaba convencida de que la de Guiscardo ya no le pertenecía a nadie, porque estaría muerto. Y sin mostrarse afligida, ni dar pruebas de remordimiento por su conducta, se comportó como una dama firme de carácter y valiente de ánimo. Con la expresión muy seria y la mirada fija en el príncipe, al que ya no veía como su padre, sin alterar la voz dijo:

—Tancredo, no escucharás salir de mis labios una negativa a todo lo que me acabas de contar, lo mismo que a tus reproches, amenazas y dudas. Sé que de poco me valdrían las palabras si las llevase en esa dirección. Tampoco pretendo despertar tu benignidad, porque lo que me importa es mantener limpia mi fama. Has de saber que no considero que mi comportamiento haya reducido la grandeza que siempre me ha respaldado. Es cierto que he amado a Guiscardo, y que él me ha correspondido en la misma medida. Este sentimiento lo mantendré mientras viva; y si cuando me llegue la muerte, no pierdo el vínculo que me une a mi amado, lo seguiré conservando con la misma fuerza hasta el fin de los tiempos. Tendrías que entender, Tancredo, que al haber nacido de tu carne, de carne estoy hecha, nunca de hierro o de piedra, por eso no puedo respetar unas leyes que jamás entenderé. Porque son más poderosas las de la juventud. Lo mismo que tú te dedicaste, hace mucho tiempo, al ejercicio de las armas, no debes ignorar lo que sucede en tiempos de ocio y delicadezas, sobre todo en las edades juveniles, y en la mujer que ha conocido el matrimonio... Laten en mí unos sensuales deseos, que al ser alimentados crecen maravillosamente, hasta convertirse en una fuerza arrasadora. Tú estuviste casado, y conoces ese placer que se convierte en imprescindible. Como fui incapaz de resistir la fuerza que me empujaba a los brazos de Guiscardo, me entregué a él convencida de que no había nada mejor en este mundo. Bien te puedo asegurar que me sometí a muchos frenos para no deshonrarte, ni deshonrarme, pero lo que todos consideran el "natural pecado" resultó más fuerte que yo. Para poder satisfacerlo, bajo el impulso amoroso, encontré la maginación suficiente para idear la forma secreta de encontrarnos, sin que nadie nos pudiera descubrir. De esta forma culminé mis deseos, lo que no desconoces, bien porque te lo han contado o porque lo has visto con tus propios ojos. No seleccioné a Guiscardo caprichosamente, como suelen hacer otras jóvenes, sino de la forma más deliberada, después de valorar todos sus méritos, que son superiores a la mayoría. Luego me cuidé de atraerlo hacia mí, sin importarme el tiempo que me tomaba, ya que la perseverancia terminó por brindarnos a ambos los mejores frutos. Y como estimo que en ningún momento he pecado con él, ya que nuestro mutuo amor era superior a cualquier documento o compromiso social y religioso, puedo entender que tú sigas la opinión de las gentes. Lo que más lamento es que me hayas reprochado con la mayor acritud (como si lo que más te hiriera fuese el hecho de que yo eligiera un vasallo en lugar de un noble) que mi amante sea de baja condición. Algo que sólo puede deberse al destino que nos permitió, a los dos, sentir el amor más sincero. Ten presente que es la vida la que se cuida de ensalzar a los de más baja condición, mientras derrumba a quienes se creen aupados en los más altos pedestales...

Sin embargo, será mejor que abandone este tema para centrarme en el origen del caso. Debes aceptar que todos los hombres y mujeres hemos sido formados por el Creador de una misma masa de carne, lo que se nos ha dicho al afirmar que todas las almas son iguales, en una valoración espiritual y física. Lo primero que se nos proporcionó fue la virtud, para que todos fuéramos semejantes y, a la vez, nos pudiéramos diferenciar, hasta el punto de que unos fueran considerados nobles, según unas normas sociales y religiosas, mientras que el resto, la mayoría, pasaban a ser tenidos como vasallos. Es cierto que estas circunstancias han sido alteradas con el paso del tiempo, a pesar de que la Naturaleza, lo mismo que las buenas costumbres, estaban dictando la verdad. Ésta nos dice que todo aquel que actúa de una forma virtuosa, ha de ser considerado hidalgo, pues es un derecho del que nadie puede privarle de no querer caer en falta. Observa a los nobles que te rodean y valora las virtudes que los acompañan, sin olvidarte de sus hábitos y de sus formas, y compáralo todo con los méritos y defectos de Guiscardo. Si realizas este trabajo mental de una forma justa, caerás en la cuenta de que él resulta más digno de nobleza que todos los otros. En sus méritos no he creído caprichosamente, sino por tus propias palabras y por lo que yo misma pude comprobar, después de someterle a un exhaustivo examen. ¿Acaso no fuiste tú quien le ensalzó en el momento de convertirle en tu paje personal? Debo reconocer que no te equivocaste, porque todo lo que dijiste de él, yo pude comprobarlo más adelante. Diré más; te quedaste corto, porque Guiscardo valía mucho más de lo que pudiste creer... ¿Cómo has podido atreverte a decir que me he relacionado con un hombre de baja condición? De haber utilizado las palabras "pobre" y "humilde", es posible que yo las admitiese sin discutir, aunque lo consideraría una ofensa, al no saber situar en la posición justa al mejor de tus servidores. Por otra parte, la pobreza y la humildad jamás restan hidalguía a nadie, aunque sí el dinero. Reconoce conmigo que muchos reyes e importantes príncipes fueron pobres antes de alcanzar su alta posición, e infinidad de labradores que cavan la dura tierra o cuidan los rebaños de ovejas, nacieron ricos y todavía lo son. Y lo último que te he oído decir, me refiero a la suerte que yo debo correr, puedes olvidarte de ello. Si en tu vejez te hayas dispuesto a realizar lo que jamás hiciste, es decir a ser cruel, nunca esperes que me arrodille a rogarte perdón. Reconozco que soy la auténtica responsable de lo que tú consideras un pecado, criterio que no comparto... Ahora te advierto que, en el caso de someterme a un castigo distinto al de Guiscardo, yo me lo aplicaré con mis propias manos. Y a partir de este momento puedes marchar a gemir junto a las mujeres, mientras descargas tus represalias, de un solo golpe si a los dos, por haberlo merecido, nos das muerte.

El príncipe debió reconocer la grandeza de ideas de su hija; sin embargo, en ningún momento la creyó dispuesta a llevar a cabo lo que acababa de anunciar con palabras muy amargas. Por este motivo, nada más separarse de Ghismunda y, convencido de que sobre ella sería incapaz de hacer caer su cólera, se creyó con el derecho de destruir ese amor pecaminoso. Una idea que le llevó a dar la orden de que Guiscardo fuese estrangulado en el silencio de la noche, sin que los habitantes del palacio se enteraran. Por último, se cuidó de resaltar que a la víctima se le extrajera el corazón, pues quería tenerlo en su poder. La orden fue ejecutada en todos sus extremos.

A la mañana siguiente, el príncipe pidió que le trajeran la más hermosa copa de oro, para depositar en la misma el corazón de Guiscardo. Acto seguido, recurrió a su servidor de más confianza para llevárselo a su hija; a la vez, le exigía que transmitiera este mensaje:

—Recibe el obsequio como consuelo por la pérdida de lo que has amado, teniendo en cuenta de que ya ha obtenido consuelo quien tan hondamente fue ofendido.

Al mismo tiempo, Ghismunda se mantenía firme en sus propósitos. Pidió a sus servidoras que le trajeran hierbas y raíces venenosas y, después de ver salir a su padre, que acababa de venir a entrevistarse con ella, se cuidó de destilarlas, para mezclarlas con agua. Se hallaba dispuesta a emplearlas en el caso de que ocurriera lo que tanto se temía. Y en el momento que vio llegar al criado con la copa de oro, escuchó el mensaje y vio el corazón, no se desmayó, ni rompió en llanto. Como si hubiera asimilado la tragedia. Tomó el recipiente entre sus manos, lo destapó y pudo contemplar detenidamente su contenido. Ya no le cupo ninguna duda de que tenía en sus manos el más cruel testimonio de la muerte de su amado. Por eso alzó el rostro hacia el recién llegado y afirmó:

—Ha recibido sepultura de oro quien la merecía con las joyas más valiosas del mundo. ¡Nunca nació corazón tan noble como éste! Reconozco que mi padre ha actuado con discreción, acaso creyendo que así protegería mi honra. Cuando ya nada me importa, sólo esto...

Dejo de hablar ante la necesidad perentoria de acercarse a la boca aquel corazón, que besó tiernamente. Luego añadió:

—Debo reconocer que en todo momento me ha acompañado el amor de mi padre, hasta en el tramo postrero de mi existencia. Pero nunca me había regalado nada tan valioso. Transmítele mi último agradecimiento por tan inmenso presente.

Nada más decir estas palabras, prestó toda su atención al corazón, que se hallaba en el interior de la copa que ella estrechaba contra su pecho. Apasionadamente prosiguió:

—Dulce refugio de todos mis goces, ¡maldita sea la crueldad del ciego que me ha obligado a contemplarte así, con estos ojos que tanto te amaron! ¡Nunca me cansaré de recordarte con mi mente durante todas las horas de mi existencia en esta vida y en la otra! Obedeciste todas las indicaciones que yo te impuse, hasta llegar a mis aposentos para hacerme conocer la felicidad más absoluta. Ahora te han anticipado el final que a todos nos aguarda. Ya no habrá para ti miserias y fatigas en este mundo terrenal, y de tu más encarnecido enemigo has obtenido la sepultura que tu virtud merecía. Te habías ganado las más sonadas exequias; y ahora recibirás las lágrimas de quien, cuando estabas vivo, tanto adoraste. Has de saber que nunca dejaré de ser tuya, como ahora tú eres mío, porque Dios quiso que mi vengativo padre te hiciese llegar a mis manos. Y mi llanto te ofrezco, a pesar de hallarme antes dispuesta a perecer con los ojos secos y la cara impasible. Pronto, sin más tardanza, mi propia alma, que tanto amaste, volará a unirse con la tuya. ¿Existe compañía más feliz a la que yo quisiera unirme para recorrer los parajes desconocidos? Estoy convencida de que tu alma sigue aquí dentro, sin dejar de contemplar los escenarios de sus placeres y de los míos. Y como segura estoy de que nunca dejarás de amarme, espera que llegue a tu lado, porque sin ti nada vale la vida.

Al no necesitar decir más palabras, como impulsada por la sed que lleva a la peregrina a inclinar la cabeza sobre el agua espejeante que se forma alrededor del manantial, bajó el rostro sobre la copa y comenzó a llorar. Vertió tantas lágrimas que las doncellas, a pesar de estar situadas a una prudente distancia, se quedaron anonadadas por la impresión. Mientras, Ghismunda volvía a besar el corazón de Guiscardo.

La verdad es que las espectadoras no comprendían lo que estaba sucediendo, ya que ignoraban los amores misteriosos, el descubrimiento de los mismos por parte del príncipe Tancredo y la posterior ejecución del paje. Tampoco sabían a quién pertenecía aquel corazón; sin embargo, la tristeza de su señora terminó por contagiarlas, hasta el punto de llorar desconsoladamente; mientras, le preguntaban inútilmente qué había ocurrido. Finalmente, se limitaron a intentar consolarla. Hasta que ella, al darse cuenta de que llevaba demasiado tiempo dejándose arrastrar por la debilidad, elevó la cabeza, se enjuagó los ojos y dijo:

—¡Oh, querido corazón mío, todas las obligaciones contigo ya han sido cumplidas y nada falta por hacer, sino cuidarme de que mi alma termine por ir junto a la tuya!

Pidió que le entregasen la redoma que contenía el agua envenenada, cuyo contenido echó en la copa de oro, donde se guardaban el corazón amado y sus lágrimas. En seguida la acercó a sus labios, sin ningún tipo de vacilación, y se bebió todo el líquido que contenía. Y luego, con el valioso recipiente en las manos, se tumbó en su cama, se estiró sobre la misma en la postura más recatada que le fue posible; después, aproximó a su pecho el corazón del amante muerto y, sin pronunciar ninguna palabra, aguardó su final.

Al ver y escuchar las doncellas todo lo anterior, sin saber lo que su señora acababa de beber, decidieron ir a pedir consejo al príncipe Tancredo. Y éste, temeroso de que hubiese ocurrido lo que nunca pudo creer, corrió con la mayor rapidez a los aposentos de su hija. Llegó en el instante que ella se había tumbado en el lecho. A pesar de que nada se pudiera hacer por salvarla, pretendió transmitirle algún consuelo con sus palabras... Sin embargo, al reconocer que la muerte se acercaba a marchas forzada, comenzó a llorar desesperadamente.

Y ella le recomendó:

—Tancredo, conserva tus lágrimas para un momento más adecuado que éste. Yo no las necesito, por mucho que te empeñes en ofrecérmelas. ¿Alguien ha visto llorar a un hombre, como tú, por lo que más ha querido? Sin embargo, en el caso de que quedase en ti algún amor, del que aseguras sentir por mí, prométeme que complacerás mi última petición: dado que no fue de tu gusto que yo, con el mayor sigilo, misteriosamente, me relacionase con Guiscardo, ordena que mi cuerpo repose junto al suyo, allí donde hayas mandado que se le entierre.

La pena de sus sollozos no permitió que el príncipe respondiera. Y la bella dama, al saber que había llegado su fin, apretando contra su pecho el corazón del amado muerto, susurró:

—Queda en compañía de Dios, que yo me voy donde todo es paz.

Al momento se le velaron las pupilas, le abandonaron todos los sentidos y se marchó de esta dolorosa existencia.

Tan amargo desenlace como habéis podido leer obtuvo el amor de Ghismunda y Guiscardo. Y el príncipe Tancredo, después de llorar largas horas, entregado a un inútil arrepentimiento de su crueldad, dio orden de que los dos amantes fueran enterrados en el mismo féretro. Algo que llenó de dolor a todos los salernitanos en el momento que conocieron la tragedia, aunque reconocieran que el final de los dos amantes sólo podía ser ése.

LAS MIL Y UNA NOCHES
(ANÓNIMO)

Es la inmortal literatura árabe de los siglos IX a XIV. La encantadora Scheherezada, que, de acuerdo con su hermanita, Doniazada, inventa historias e historietas para distraer a su esposo, el rey Schahriar, aplazando así la muerte que decretó, como venganza por la infidelidad de otra esposa anterior.

Aquel "rey entre los reyes de Sassán, en las islas de la India y de la China", que mandaba degollar a todas sus jóvenes esposadas en la mañana siguiente a la noche única que pasaba con ellas; y Scheherazada consigue también aquí librarse de la terrible sentencia —y salvar para siempre a las demás hijas de los musulmanes— manteniendo despierta la curiosidad del vengativo esposo con la intriga de sus cuentos, cuyo desenlace cuida de aplazar de una noche para otra hasta mil y una.

 DE *LAS MIL Y UNA NOCHES* (S. IX - XIV)

HISTORIA MÁGICA
DEL CABALLO DE ÉBANO

e llegado a saber, ¡oh rey afortunado!, que en la antigüedad del tiempo y lo pasado de las épocas y de las edades, había un rey muy grande y muy poderoso entre los reyes de los persas, que se llamaba Sabur, y era, sin duda, el rey más rico en tesoros de todas clases, como también el más dotado de sagacidad y de prudencia. Además, estaba lleno de generosidad y de amabilidad, y tenía siempre abierta, sin desmayo, la mano para ayudar a los que le imploraban, sin rechazar nunca a quienes le solicitaban un socorro. Sabía otorgar la hospitalidad liberalmente a los que sólo le pedían cobijo, y roconfortar en ocasiones, con sus palabras y sus maneras impregnadas de dulzura y de amenidad, a los corazones heridos. Era bueno y caritativo con los pobres; y los extranjeros nunca veían cerradas a su llamamiento las puertas de los palacios de aquel soberano. En cuanto a los opresores, no encontraban gracia ni indulgencia de su severa justicia. Y así era, en verdad, él.

El rey Sabur tenía tres hijas, que eran como otras tantas lunas hermosas en un cielo glorioso o como tres flores maravillosas por su brillo en un parterre bien cuidado, y un hijo que era la misma luna y se llama Kamaralakmar[1].

---

[1] Luna de las lunas.

Todos los años daba el rey a su pueblo dos grandes fiestas, una al comienzo de la primavera, la de Nuruz, y otra en el otoño, la del Mihrgán; y con ambas ocasiones mandaba abrir las puertas de todos sus palacios, distribuía dádivas, hacía que sus pregoneros públicos proclamasen edictos de indulto, nombraba numerosos dignatarios y otorgaba ascensos a sus lugartenientes y chambelanes. Así es que de todos los puntos de su vasto Imperio acudían los habitantes para rendir pleitesía a su rey, y regocijarse en aquellos días de fiesta, llevándole presentes de todo género y esclavos y eunucos en calidad de regalo.

Y he aquí que durante una de esas fiestas, la de la primavera precisamente, estaba sentado, en el trono de su reino, el rey, quien a todas sus cualidades añadía el amor a la ciencia, a la geometría y a la astronomía, cuando vio que ante él avanzaban tres sabios, hombres muy versados en las diversas ramas de los conocimientos más secretos y de las artes más sutiles, los cuales sabían modelar la forma, con una perfección que confundía al entendimiento, y no ignoraban ninguno de los misterios, que de ordinario escapan al espíritu humano. Y llegaban a la ciudad del rey estos tres sabios desde tres comarcas muy distintas y hablando diferentes lenguas cada uno: el primero era hindú, el segundo rumí y el tercero ajamí de las fronteras extremas de Persia.

Se acercó primero al trono el sabio hindú, se prosternó ante el rey, besó la tierra entre sus manos y después de haberle deseado alegría y dicha en aquel día de fiesta, le ofreció un presente verdaderamente real: consistía en un hombre de oro, incrustado de gemas y pedrerías de gran precio, que tenía en la mano una trompeta de oro. Y le dijo el rey Sabur: "¡Oh sabio!, ¿para qué sirve esta figura?" El sabio contestó: "¡Oh mi señor, este hombre de oro posee una virtud admirable! ¡Si le colocas a la puerta de la ciudad, será un guardián a toda prueba, pues si viniese un enemigo para tomar la plaza, le adivinará a distancia, y soplando en la trompeta que tiene a la altura de su rostro, le paralizará y le hará caer muerto de terror!" Y al oír estas palabras, se maravilló mucho el rey, y dijo: "¡Oh sabio! ¡Por Alá, que si es verdad lo que dices, te prometo la realización de todos tus anhelos y de todos tus deseos!"

Entonces se adelantó el sabio rumí, que besó la tierra entre las manos del rey, y le ofreció como regalo una gran fuente de plata, en medio de la cual se encontraba un pavo real de oro, rodeado por veinticuatro pavas reales del mismo metal. Y el rey Sabur los miró con asombro, y encarándose con el rumí, le dijo: "¡Oh sabio!, ¿para qué sirven este pavo y estas pavas?" El sabio contestó: "¡Oh mi señor!, a cada hora que transcurre del día o de la noche, el pavo da un picotazo a cada una de las veinticuatro pavas y la cabalga agitando las alas, y así sucesivamente cabalga las veinticuatro pavas, marcando las horas; luego, cuando ha dejado transcurrir el mes de esta manera, abre la boca, y en el fondo de su gaznate aparece el cuarto creciente de la luna nueva". Y exclamó el rey maravillado: "¡Por Alá, que si es verdad lo que dices, se cumplirán todas tus aspiraciones!"

El tercero que avanzó fue el sabio de Persia. Besó la tierra entre las manos del rey y después de los cumplimientos y de los votos, le ofreció un caballo de madera de ébano, de la calidad más negra y más rara, incrustado de oro y pedrerías, y enjaezado maravillosamente con una silla, una brida y unos estribos, como sólo llevan los caballos de los reyes. Así es que el rey Sabur quedó maravillado hasta el límite de la maravilla y desconcertado por la belleza y las perfecciones de aquel caballo; luego dijo: "¿Y qué virtudes tiene este caballo de ébano?" El persa contestó: "¡Oh mi señor!, las virtudes que posee este caballo son cosa prodigiosa, hasta el punto de que cuando uno monta en él, parte con su jinete a través de los aires con la rapidez del relámpago, y le lleva a cualquier sitio donde se le guíe, cubriendo en un día distancias que tardaría un año en recorrer un caballo vulgar". Prodigiosamente asombrado con aquellas tres cosas prodigiosas que se habían sucedido en un mismo día, el rey encaróse con el persa, y le dijo: "¡Por Alá el Omnipotente —¡exaltado sea!—, que crea los seres todos y les da de comer y de beber, que si me pruebas la verdad de tus palabras te prometo la realización de tus anhelos y del menor de tus deseos!"

Tras de lo cual el rey mandó someter a prueba durante tres días las virtudes diversas de los tres regalos, haciendo que los tres sabios los pusieran en movimiento. Y en efecto, el hombre de oro sopló con su trompeta de oro, el pavo real de oro picoteó y 'cabalgó regularmente a sus veinticuatro pavas reales de oro, y el sabio persa...

En este momento de su narración, Scheherazada vio aparecer la mañana, y se calló discretamente.

PERO CUANDO LLEGÓ LA 416ª NOCHE...

Ella dijo:

...y el sabio persa montó en el caballo de ébano, le hizo elevarse por los aires y recorrer un gran espacio con una rapidez extraordinaria, para descender, después de haber descrito un amplio círculo, en el mismo sitio de donde partió.

Al ver todo aquello, el rey Sabur quedó al principio estupefacto, y luego se tambaleó de tal manera que parecía iba a volverse loco de alegría. Dijo entonces a los sabios:

"¡Oh sabios ilustres!, ahora tengo ya una prueba de la verdad de vuestras palabras y a mi vez cumpliré mi promesa. ¡Pedidme, pues, lo que deseéis y se os concederá al instante! "

Entonces contestaron los tres sabios: "¡Puesto que nuestro amo, el rey, está satisfecho de nosotros y de nuestros presentes, y nos deja que elijamos lo que hemos de pedirle, le rogamos que nos dé en matrimonio a sus tres hijas, pues anhelamos vivamente ser yernos suyos! ¡Y en nada podrá turbar tal cosa la tranquilidad del reino! ¡Aunque así fuese, los reyes no se desdicen de sus problemas nunca!" El rey contestó: "¡Al instante daré satisfacción a vuestro deseo!" Y al punto dio orden de hacer ir al cadí y a los testigos para que extendieran el contrato de matrimonio de sus tres hijas con los tres sabios. ¡Eso fue todo!

Pero acaeció que, mientras tanto, las tres hijas del rey estaban sentadas precisamente detrás de una cortina de la sala de recepción y oían aquellas palabras. Y la más joven de las tres hermanas se puso a considerar con atención al sabio que debía escoger por esposo, ¡y he aquí su descripción! Era un viejo muy anciano, de una edad de cien años lo menos, como no tuviese más; con restos de cabellos blanqueados por el tiempo; con una cabeza oscilante; cejas roídas de tiña; orejas colgantes y hendidas; barba y bigotes teñidos y sin vida; ojos rojos y bizcos, que se miraban atravesados; carrillos fláccidos, amarillos y llenos de huecos; nariz semejante a una gruesa berenjena negra; cara tan arrugada como el delantal de un zapatero remendón; dientes saledizos como los dientes de un cerdo salvaje, y labios flojos y jadeantes como los testículos del camello; en una palabra, aquel viejo sabio era una cosa espantosa, un horror compuesto de monstruosas fealdades que, sin duda, le hacían ser el hombre más deforme de su época, pues ninguno hubo como él con aquellos diversos atributos, y además, con sus mandíbulas vacías de molares y ostentando a guisa de colmillos unos garfios que le hacían semejante a los efrits, que asustan a los niños en las casas desiertas y hacen cacarear de miedo a los pollos en los gallineros.

¡Eso fue todo!

Y precisamente la princesa, que era la más joven de las tres hijas del rey, resultaba la joven más bella y más graciosa de su tiempo, más elegante que la tierna gacela, más dulce y más suave que la brisa más acariciadora, y más brillante que la luna llena; diríase que verdaderamente estaba hecha para los escarceos amorosos; se movía y la rama flexible se avergonzaba al ver sus balanceos ondulantes; andaba, y el corzo ligero se avergonzaba al ver su andar gracioso; y, sin disputa, superaba con mucho a sus hermanas en hermosura, en blancura, en encantos y en dulzura. Y así era ella, en verdad.

De modo que cuando vio el sabio que debía tocarle en suerte, corrió a su habitación y se dejó caer de bruces en el suelo, desgarrándose los vestidos, arañándose las mejillas y sollozando y lamentándose.

Mientras permanecía ella en aquel estado, su hermano el príncipe Kamaralakmar, que la quería mucho y la prefería a sus otras hermanas, volvía de una partida de caza, y al oír lamentarse y llorar a su hermana, penetró en su aposento y le preguntó: "¿Qué tienes? ¿Qué te ha ocurrido? ¡Dímelo en seguida y no me ocultes nada!" Entonces ella se golpeó el pecho, y exclamó: "¡Oh único hermano mío!, ¡oh querido!, nada te ocultaré. ¡Sabe que, aunque el palacio debiera hundirse luego encima de tu padre, estoy dispuesta a abandonarlo; y si adquiero la certeza de que tu padre va a cometer actos tan odiosos, huiré de aquí sin que me dé provisiones para el camino, porque Alá proveerá!"

Al escuchar estas palabras, el príncipe Kamaralakmar le dijo: "¡Pero dime al fin a qué viene ese lenguaje y qué es lo que te oprime el pecho y turba tus humores!" La joven princesa contestó: "¡Oh único hermano mío!, ¡oh querido!, has dc saber que mi padre me prometió en matrimonio a un sabio viejo, a un mago horrible que le ha regalado un caballo de madera de ébano; y sin duda le ha embrujado con su hechicería y ha abusado de él con su astucia y su perfidia. ¡En cuanto a mí, estoy resuelta a dejar este mundo antes que pertenecer a ese viejo asqueroso!"

Su hermano empezó entonces a tranquilizarla y a consolarla, acariciándola y mimándola, y luego se fue en busca de su padre el rey, y le dijo: "¿Quién es ese hechicero a quien prometiste casarle con mi hermana pequeña? ¿Y qué regalo es ése que te ha traído para decidirte así a hacer que muera de pena mi hermana? ¡Eso no es justo y no puede suceder!"

Y he aquí que el persa estaba cerca y oía aquellas palabras del hijo del rey, y se sintió muy furioso y muy mortificado.

Pero el rey contestó...

En este momento de su narración, Scheherazada vio aparecer la mañana, y se calló discretamente.

PERO CUANDO LLEGÓ LA 417ª NOCHE...

Ella dijo:

...el rey contestó: "¡Oh hijo mío Kamaralakmar!, ¡no estarías tan turbado y tan estupefacto si vieras el caballo que me ha dado el sabio!" Y salió enseguida con su hijo al patio principal del palacio, y dio orden a los esclavos de que llevaran el caballo consabido. Y los esclavos ejecutaron la orden.

Cuando el joven príncipe vio el caballo, lo encontró muy hermoso y le entusiasmó mucho. Y como era un jinete excelente, saltó con ligereza a lomos del bruto y le pinchó de pronto en los flancos con las espuelas, metiendo los pies en los estribos. Pero no se movió el caballo. Y el rey dijo al sabio: "¡Ve a mirar por qué no se mueve, y ayuda a mi hijo, quien a su vez tampoco dejará de ayudarte para que realices tus anhelos!"

De modo que el persa, que guardaba rencor al joven a causa de su oposición al matrimonio de su hermana, se acercó al príncipe caballero, y le dijo: "Esta clavija de oro, que hay a la derecha del arzón de la silla, es la clavija que sirve para subir. ¡No tienes más que darle la vuelta!"

Entonces el príncipe dio la vuelta a la clavija que servía para subir, ¡y he aquí lo que pasó! Al punto se elevó por los aires el caballo con la rapidez del ave, y a tanta altura, que el rey y todos los circunstantes le perdieron de vista a los pocos momentos.

Al ver desaparecer así a su hijo, sin que regresara, al cabo de algunas horas que estuvieron esperándole, inquietóse mucho el rey Sabur, y muy perplejo, dijo al persa: "¡Oh sabio!, ¿qué vamos a hacer ahora para que vuelva?" El sabio contestó: "¡Oh mi amo!, ¡nada puedo hacer ya, y no verás de nuevo a tu hijo hasta el día de la Resurrección! ¡Porque el príncipe no ha querido escuchar más que a su presunción y a su ignorancia, y en vez de darme tiempo para que le explicase el mecanismo de la clavija de la izquierda, que es la clavija que sirve para bajar, ha puesto en marcha el caballo antes de lo debido!"

Cuando el rey Sabur hubo oído estas palabras del sabio, se llenó de furor, e indignándose hasta el límite de la indignación, ordenó a los esclavos que dieran una paliza al persa, y le arrojaron después al calabozo más lóbrego, en tanto que se quitaba él de la cabeza la corona, golpeándose en la cara y mesándose las barbas. Tras de lo cual se retiró a su palacio, hizo cerrar todas las puertas, y empezaron a sollozar, a gemir y a lamentarse con él sus esposas, sus tres hijas, su servidumbre y todos los habitantes del palacio, como también los de la ciudad. Y he aquí cómo se tornó su alegría en aflicción, y su felicidad en tristeza y desesperación. ¡Y esto en cuanto a ellos atañe!

Por lo que afecta al príncipe, el caballo continuó elevándose por los aires con él, sin detenerse y como si fuera a tocar el sol. Entonces comprendió el joven el peligro que corría y cuán horrible muerte le esperaba en aquellas regiones del cielo; y se inquietó bastante y se arrepintió mucho de haber subido en el caballo, y pensó para su ánima: "¡Sin duda, la intención del sabio fue perderme, en vista de lo que opiné con respecto a mi hermana menor! ¿Qué hacer ahora? ¡No hay fuerza ni poder más que en Alá el Omnipotente! ¡Heme aquí perdido sin remisión!" Luego se dijo: "Pero ¿quién sabe si no hay una segunda clavija que sirva para bajar, lo mismo que la otra sirve para subir?" Y como estaba dotado de sagacidad, de ciencia y de inteligencia, se puso a buscarla por todo el cuerpo del caballo, y acabó por encontrar, al lado izquierdo de la silla, un tornillo minúsculo, no mayor que la cabeza de un alfiler; y se dijo: "¡No veo más que esto!" Entonces apretó aquel tornillo, y al punto comenzó a disminuir la ascensión poco a poco, y el caballo se paró un instante en el aire, para empezar inmediatamente después a descender, con la misma rapidez de antes, amenguando luego la marcha poco a poco, según se acercaba al suelo; y acabó por tocar en tierra sin ninguna sacudida ni contratiempo, mientras su jinete respiraba con libertad y se tranquilizaba por su vida.

Y he aquí que de entre las ciudades que de aquella suerte se mostraban por debajo de él, divisó una ciudad de casas y edificios alineados con simetría y de manera encantadora en medio de una comarca surcada por numerosas aguas corrientes y rica en prados donde triscaban en paz saltarinas gacelas.

En este momento de su narración, Scheherazada vio aparecer la mañana, y se calló discretamente.

PERO CUANDO LLEGÓ LA 418ª NOCHE...

Ella dijo:

...donde triscaban en paz saltarinas gacelas.

Como por temperamento era aficionado a distraerse y a observar, Kamaralakmar se dijo: "¡Es necesario que sepa yo el nombre de esa ciudad y la comarca en que está situada!" Y empezó a dar vueltas en el aire alrededor de la ciudad, deteniéndose encima de los parajes más hermosos.

Mientras tanto, empezaba a declinar el día y el sol había llegado en el horizonte a lo más bajo de su carrera; y pensó el príncipe: "¡Por Alá, que no encontraré indudablemente sitio mejor para pasar la noche que esta ciudad! Por consiguiente, dormiré aquí, y al apuntar el día de mañana, emprenderé de nuevo la ruta de mi reino para regresar con mis parientes y mis amigos. ¡Y contaré entonces a mi padre cuanto me acaeció y cuanto han visto mis ojos! Y echó en torno suyo una mirada para escoger un lugar, donde pasar la noche con seguridad y sin que se le importunase, y donde resguardar a su caballo, y acabó por dejar recaer su elección en un palacio elevado que aparecía en medio de la ciudad, y lo flanqueaban torres almenadas, y lo guardaban cuarenta esclavos negros vestidos con cotas de malla y armados con lanzas, alfanjes, arcos y flechas. Así es que se dijo el joven: "¡He ahí un lugar excelente!" Y apretando el tornillo que servía para bajar, guió hacia aquel lado su caballo, que fue a posarse dulcemente, como un pájaro cansado, en la terraza del palacio. Entonces dijo el príncipe: "¡Loor a Alá!" y se apeó del caballo. Púsose luego a dar vueltas en torno del animal y a examinarle, diciendo: "¡Por Alá! ¡Quien con tal perfección te fabricó es un maestro como obrero y el más hábil de los artífices! ¡De modo que si el Altísimo prolonga el término de mi vida, y me reúne con mi padre y con los míos, no dejaré de colmar con mis bondades a ese sabio y de hacer que se beneficie con mi generosidad!"

Pero ya había caído la noche, y el príncipe permaneció en la terraza, esperando que en el palacio estuviese dormido todo el mundo. Después, como se sentía torturado por el hambre y la sed, ya que desde su partida no había comido ni bebido nada, se dijo:

"¡En verdad que no debe carecer de víveres un palacio como éste!" Dejó, pues, el caballo en la terraza, resuelto a buscar algo con que alimentarse, se encaminó a la escalera del palacio y descendió por sus peldaños hasta abajo. Y de pronto se encontró con un ancho patio con piso de mármol blanco y de alabastro transparente, en el que se reflejaba por la noche la luz de la luna. Y le maravilló la belleza de aquel palacio, y de su arquitectura; pero en vano miró a derecha y a izquierda, porque no vio alma viviente ni oyó sonido de voz humana; y se notó muy inquieto y muy perplejo, y no supo qué hacer. Se decidió, sin embargo, a salir de su estupor al fin, pensando: "¡Por el momento no puedo hacer nada mejor que volver a subir a la terraza de donde he bajado, y pasar la noche junto a mi caballo; y mañana, a los primeros resplandores del día, montaré de nuevo en mi caballo y me marcharé!" Y cuando ya iba a poner en práctica este proyecto, advirtió una claridad en el interior del palacio, y avanzó por aquel lado para saber de qué provenía. Y vio que aquella luz era la de una antorcha encendida delante de la puerta del harén, a la cabecera del lecho de un eunuco negro que dormía roncando de una manera muy ruidosa, y se asemejaba a algún efrit entre los efrits a las órdenes de Soleimán o a algún genni de la tribu negra de los genn; estaba acostado en un colchón a lo ancho de la puerta, y la atrancaba, mejor que lo hubiera hecho un tronco de árbol o el banco de un portero; y a la luz de la antorcha resplandecía furiosamente el mango de su alfanje, mientras que por encima de su cabeza colgaba de una columna de granito su saco de provisiones.

Al ver aquel negro espantoso, el joven Kamaralakmar quedó aterrado, y murmuró: "¡Me refugio en Alá el Todopoderoso! ¡Oh dueño único del cielo y de la tierra! ¡Tú que ya me salvaste de una perdición segura, socórreme otra vez y sácame sano y salvo de la aventura que me espera en este palacio!" Dijo, y tendiendo la mano hacia el saco de provisiones del negro, lo cogió con presteza, salió de la habitación, lo abrió, y encontró dentro víveres de la mejor calidad. Se puso a comer, y acabó por dejar completamente vacío el saco; y después de haberse reanimado así, fue a la fuente del patio y aplacó la sed, bebiendo del agua pura y dulce que manaba. Tras de lo cual volvió junto al eunuco, colgó el saco en su sitio, y sacando de la vaina el alfanje del esclavo, lo cogió, en tanto que el otro dormía y roncaba más que nunca, y salió sin saber aún lo que le deparaba su destino.

En este momento de su narración, Scheherazada vio aparecer la mañana, y se calló discretamente.

PERO CUANDO LLEGÓ LA 419ª NOCHE...

Ella dijo:

...sin saber aún lo que le deparaba su destino.

Siguió, pues, avanzando por dentro del palacio y llegó a una segunda puerta, sobre la cual caía una cortina de terciopelo. Levantó aquella cortina, y encontróse en una sala maravillosa, en la cual vio un amplio lecho del marfil más blanco, incrustado de perlas, rubíes, jacintos y otras pedrerías, y tendidas en el suelo cuatro jóvenes esclavas, que dormían. Se acercó entonces sigilosamente al lecho, para saber quién podría estar acostado en él, ¡y vio a una joven que no tenía por toda camisa más que la cabellera! ¡Y era tan hermosa, que se la hubiera tomado, no ya por la luna cuando sale en el horizonte oriental, sino por otra luna más maravillosa que surgiese de las manos del Creador! ¡Su frente era una rosa blanca, y sus mejillas dos anémonas de un rojo tenue, cuyo brillo se realzaba con un delicado grano de belleza a cada lado!

Al ver tal cúmulo de hermosura y de gracias, de encantos y de elegancia, Kamaralakmar creyó caerse de espaldas desvanecido, si no muerto. Y cuando pudo dominar un poco su emoción, se aproximó a la joven dormida, temblándole todos los músculos y todos los nervios y estremeciéndose de placer y voluptuosidad la besó en la mejilla derecha.

Al contacto de aquel beso, la joven se despertó sobresaltada, abrió mucho los ojos, y advirtiendo al joven príncipe que permanecía de pie a su cabecera, exclamó: "¿Quién eres y de dónde vienes?" Él contestó: "¡Soy tu esclavo y el enamorado de tus ojos!" Ella preguntó: "¿Y quién te condujo hasta aquí?" Él contestó: "¡Alá, mi destino y mi buena suerte!"

Al oír estas palabras, la princesa Schamsennahar, que tal era su nombre, sin mostrar demasiada sorpresa ni espanto, dijo al joven:

"¿Acaso eres el hijo del rey de la India que me pidió ayer en matrimonio, y a quien mi padre el rey no aceptó como yerno a causa de su pretendida fealdad? Porque si eres tú, ¡por Alá! no tienes nada de feo, y tu belleza ya me ha subyugado, ¡oh mi señor!" Y como, efectivamente, era él tan radiante cual la brillante luna, le atrajo a sí y le abrazó, y la abrazó él, embriagados ambos de su mutua hermosura y de su juventud, se hicieron mil caricias, acostados uno en brazos de otro, y se dijeron mil locuras, entregándose a mil juegos amables, y prodigándose mil mimos dulces y ardientes.

Mientras ellos se divertían de tal manera, las servidoras despertáronse de pronto, y al advertir con su ama al príncipe, exclamaron: "¡Oh ama nuestra!, ¿quién es ese joven que está contigo?" Ella contestó: "¡No lo sé! ¡Le encontré a mi lado al despertarme! ¡Sin embargo, supongo que es el que ayer me solicitó a mi padre en matrimonio!" Turbadas por la emoción, exclamaron ellas: "¡Oh señora nuestra! ¡El nombre de Alá sobre ti y alrededor de ti! Ni por asomo es éste el que te pidió en matrimonio ayer; porque aquél era muy feo y muy repulsivo, y este joven es gentil y deliciosamente bello, y sin duda procede de ilustre estirpe. ¡En cuanto al otro, el feo de ayer, ni de ser tu esclavo es digno!" Tras de lo cual se levantaron las servidoras y fueron a despertar al eunuco de la puerta, y le pusieron la alarma en el corazón, diciéndole: "¿Cómo se explica que siendo guardián del palacio y del harén, dejes a los hombres penetrar en nuestros aposentos mientras dormimos?"

Cuando oyó estas palabras el eunuco negro, saltó sobre ambos pies y quiso apoderarse de su alfanje; pero no encontró más que la vaina. Aquello le sumió en un terror grande, y todo tembloroso levantó el tapiz y entró en la sala. Y vio con su ama en el lecho al hermoso joven, sintiéndose de tal modo deslumbrado, que hubo de decirle: "¡Oh mi señor!, ¿eres un hombre o un genni?" El príncipe contestó: "¿Cómo te atreves a confundir a los hijos de los reyes Khostoes con genn demoníacos y efrits, tú, miserable esclavo y el más maléfico de los negros de betún?" Y así diciendo, furioso cual un león herido, empuñó el alfanje y gritó al eunuco: "¡Soy yerno del rey, que me ha casado con su hija y me mandó que penetrara en ella!"

Al oír estas palabras, contestó el eunuco: "¡Oh mi señor!, ¡si verdaderamente eres un hombre de la especie de los hombres y no un genn, digna de tu belleza es nuestra joven ama, y te la mereces mejor que cualquier otro rey, hijo de rey o de sultán!"

Después corrió el eunuco en busca del rey, lanzando gritos terribles, desgarrando sus vestidos y cubriéndose con polvo la cabeza. De modo que, al oír sus gritos de loco, le preguntó el rey: "¿Qué calamidad te aqueja? ¡Habla pronto y sé breve, porque me estás estremeciendo el corazón!" El eunuco contestó...

En este momento de su narración, Scheherazada vio aparecer la mañana, y se calló discretamente.

PERO CUANDO LLEGÓ LA 420ª NOCHE...

Ella dijo:

...El eunuco contestó: "¡Oh rey!, ¡date prisa a volar en socorro de tu hija, porque un genni entre los genn, con la apariencia de un hijo de rey, se ha posesionado de ella y ha hecho en ella su domocilio! ¡Eso es todo! ¡Corre! ¡Duro con él!"

Al oír estas palabras de su eunuco, el rey llegó al límite del furor, y a punto estuvo de matarle; pero le gritó: "¿Cómo te atreviste a ser negligente, hasta el extremo de perder de vista a mi hija, cuando te tengo encargado de su custodia diurna y nocturna, y cómo dejaste que penetrara en su aposento y se posesionara de ella ese efrit demoníaco?" Y loco de emoción se abalanzó hacia las habitaciones de la princesa, donde se encontró con las servidoras, que a la puerta le esperaban pálidas y temblorosas, y les preguntó: "¿Qué ha pasado a mi hija?" Ellas contestaron: "¡Oh rey!, no sabemos lo que ha sucedido mientras estábamos dormidas; pero cuando nos hemos despertado encontramos en el lecho de la princesa a un joven, que nos pareció la luna llena de tan hermoso como era, y que charlaba con tu hija de una manera deliciosa y sin dejar lugar a dudas. Y en verdad que nunca vimos a nadie más hermoso que ese joven. Sin embargo, le preguntamos quién era, y contestó: "¡Soy aquel a quien el rey concedió en matrimonio a su hija!" ¡Nada más que eso sabemos! Y no podemos decirte si se trata de un hombre o de un genni. ¡De todos modos, hemos de asegurarte que es amable, bien intencionado, modesto, cortés, e incapaz de cometer la menor fechoría o de hacer cosa censurable! ¿Cómo, siendo tan bello, se puede hacer cosa censurable?"

Cuando el rey hubo oído estas palabras, se le enfrió la cólera y su inquietud se apaciguó; y muy suavemente y con mil precauciones, levantó un poco la cortina de la puerta y vio acostado junto a su hija en el lecho, y charlando graciosamente, a un príncipe de lo más encantador, cuyo rostro resplandecía como la luna llena.

En vez de tranquilizarle por completo, el resultado de aquello fue excitar hasta el último extremo su celo paternal y sus temores por el peligro que corría el honor de su hija. Así es que, precipitándose por la puerta, se abalanzó a ellos con la espada en la mano y furioso y feroz cual un ghul monstruo. Pero el príncipe, que desde lejos viole llegar, preguntó a la joven: "¿Es ése tu padre?" Ella contestó: "¡Sí!" Al punto saltó sobre ambos pies el joven, y empuñando su alfanje lanzó a la vista del rey un grito tan terrible, que hubo de asustarle. Más amenazador que nunca, entonces Kamaralakmar se dispuso a arrojarse sobre el rey y a atrevesarle; pero el rey, que se comprendió el más débil, se apresuró a envainar su espada y tomó una actitud conciliadora. De modo que cuando vio ir hacia él al joven, le dijo con el tono más cortés y más amable: "¡Oh jovenzuelo!, ¿eres hombre o genni?" El otro contestó: "¡Por Alá, que si no respetara tus derechos tanto como los míos, y si no me preocupase del honor de tu hija, ya hubiera vertido sangre tuya! ¿Cómo te atreves a confundirme con los genn y los demonios, cuando soy un príncipe real de la raza de los Khosroes, que si quisieran apoderarse de tu reino sería para ellos cosa de juego el hacerte saltar de tu trono como si sintieran un temblor de tierra, y frustrarte los honores, la gloria y el poderío?"

Cuando el rey hubo oído estas palabras le invadió un gran sentimiento de respeto, y temió mucho por su propia seguridad. Así es que se dio prisa a responder: "¿Cómo se explica entonces, si eres verdaderamente hijo de reyes, que te hayas atrevido a penetrar en mi palacio sin mi consentimiento, a destruir mi honor y hasta posesionarte de mi hija, pretendiendo ser su esposo, y proclamando que yo te la había concedido en matrimonio, cuando hice matar a tantos reyes e hijos de reyes que querían obligarme a que se la diera por esposa?" Y excitado por sus propias palabras, continuó el rey: "¿Y quién podrá ahora salvarte de entre mis manos poderosas, cuando yo ordene a mis esclavos que te condenen a la peor de las muertes, y obedezcan ellos en esta hora y en este instante?"

Cuando el príncipe Kamaralakmar oyó del rey estas palabras, contestó: "¡En verdad que estoy estupefacto de tu corta vista y del espesor de tu entendimiento! Dime, ¿podrás encontrar jamás mejor partido que yo para tu hija? ¿Y acaso viste nunca a un hombre más intrépido o mejor formado, o más rico en ejércitos, esclavos y posesiones que yo mismo?" El rey contestó: "¡No, por Alá! Pero, ¡oh jovenzuelo!, yo hubiese querido ver que te convertías en marido de mi hija ante el cadí y los testigos. ¡Pero un matrimonio efectuado de esta manera secreta, sólo podrá destruir mi honor!" El príncipe contestó:

"Bien hablas, ¡oh rey! ¿Pero es que no sabes que si verdaderamente tus esclavos y tus guardias vinieran a precipitarse sobre mí todos y me condenaran a muerte, según tus 4 recientes amenazas, no harías más que correr de un modo cierto a la perdición de tu honor y de tu reino, haciendo pública tu desgracia, y obligando a tu mismo pueblo a revolverse contra ti? Créeme, pues, ¡oh rey! ¡Sólo te queda un partido que tomar, y consiste en escuchar lo que tengo que decirte y en seguir mis consejos!" Y exigió el rey: "¡Habla, pues, y oiga yo algo de lo que tienes que decirme!"

En este momento de su narración, Scheherazada vio aparecer la mañana y se calló discretamente.

PERO CUANDO LLEGÓ LA 421ª NOCHE...

Ella dijo:

"...¡Habla, pues, y oiga yo algo de lo que tienes que decirme!" El otro contestó: "¡He aquí! Una de dos: o te avienes a luchar conmigo en singular combate, y el que venza a su adversario será proclamado el más valiente, y ostentará así un título serio que le de opción al trono del reino, o bien me dejas pasar aquí toda esta noche con tu hija, y mañana por la mañana mandas contra mí al ejército entero de tu caballería, y tu infantería, y tus esclavos, y... ¡pero dime antes a cuántos asciende su número!" El rey contestó: "¡Son cuatro mil jinetes, sin contar a mis esclavos, que son otros tantos!" Entonces dijo

Kamaralakmar: "Está bien. Así, pues, a las primeras claridades del día, haz que vengan contra mí en orden de batalla y diles: "¡Ese hombre, que ahí tenéis, acaba de solicitar de mí en matrimonio a mi hija, con la condición de luchar él solo contra todos vosotros juntos y venceros y derrotaros, sin que podáis salir con bien! ¡Y eso es lo que pretende!" ¡Luego me dejarás luchar yo solo contra todos ellos! Si me mataran, quedaría a salvo tu honor, y mejor guardado que nunca tu secreto. ¡Si, por el contrario, triunfo yo de todos ellos y les derroto, habrás encontrado un yerno del que podrían enorgullecerse los reyes más ilustres!"

No dejó de compartir el rey esta última opinión y de aceptar tal proposición, si bien estaba estupefacto de la seguridad con que hablaba el joven, y no sabía a qué atribuir una pretensión tan loca; porque en el fondo de su corazón se hallaba persuadido de que el príncipe perecería en aquella lucha insensata, y así quedaría a salvo su honor y mejor guardado su secreto. De modo que llamó al jefe eunuco, y le dio orden de que sin dilación fuera en busca del visir y le mandara que congregase a todas las tropas, y las tuviese preparadas con sus caballos y dispuestas con sus armas de guerra. Y el eunuco transmitió la orden al visir, que al punto reunió a los oficiales y a los principales notables del reino, y les dispuso en orden de batalla a la cabeza de sus tropas revestidas con las armas de guerra. ¡Y he aquí lo que atañe a ellos!

En cuanto al rey, se quedó todavía, por algún tiempo, charlando con el joven príncipe, pues estaba encantado de sus palabras sensatas, de su buen criterio, de sus maneras distinguidas y de su belleza, además que no quería dejarle solo con su hijo aquella noche. Pero apenas apuntó el día, volvió a su palacio, se sentó en su trono, y dio orden a sus esclavos de que tuvieran preparado para el príncipe el caballo más hermoso de las caballerías reales, le ensillaran con magnificencia y le enjaezaran con gualdrapas suntuosas. Pero el príncipe dijo: "¡No quiero montar a caballo mientras no esté en presencia de las tropas!" El rey contestó: "¡Hágase conforme deseas!" Y salieron ambos al meidán donde estaban las tropas alineadas en orden de batalla y así pudo el príncipe juzgar su número y calidad.

Tras de lo cual se encaró el rey con todos y exclamó: "¡Oíd, guerreros!: este joven que ahí tenéis ha venido en busca mía y me ha pedido a mi hija en matrimonio. Y a la verdad jamás vi nada más bello ni caballero más intrépido que él. Pero he ahí que pretende que él solo puede triunfar de todos vosotros y derrotaros; que aunque fueseis cien mil veces más numerosos, no os daría la menor importancia, y a pesar de todo, habría de venceros. ¡Así, pues, cuando arremeta contra vosotros, no dejéis de recibirle con la punta de vuestros alfanjes y de vuestras lanzas! Eso le enseñará lo que cuesta meterse en empresas tan graves!" Luego el rey se encaró con el joven y le dijo: "¡Ánimo, hijo mío, y haznos ver tus proezas!" Pero el joven contestó: "¡Oh rey, no me tratas con justicia ni imparcialidad! Porque, ¿cómo quieres que luche con todos, estando yo a pie y ellos a caballo?" El rey le dijo: "¡Ya te ofrecí caballo para que montaras, y lo rehusaste! Escoge ahora para cabalgadura el que te parezca mejor de todos mis caballos!" Pero contestó el príncipe: "¡No me gusta ninguno de tus caballos, y sólo montaré en el que me ha traído hasta tu ciudad!" El rey preguntó: "¿Y dónde está tu caballo?" El príncipe dijo: "Está encima de tu palacio". El rey preguntó: "¿Qué sitio es ése que está encima de mi palacio?" El príncipe contestó: "La terraza de tu palacio."

Al oír estas palabras, le miró con atención el rey y exclamó: "¡Qué extravagancia! ¡Ésa es la mejor prueba de tu locura! ¿Cómo es posible que un caballo suba a una terraza? ¡Pero enseguida vamos a ver si mientes o si dices verdad!" Luego se encaró con el jefe de sus tropas y le dijo: "¡Corre al palacio y vuelve a decirme lo que veas! ¡Y tráeme lo que haya en la terraza!"

Y el pueblo se maravillaba de las palabras del joven príncipe; y se preguntaba la gente: "¿Cómo va a poder bajar un caballo por la escalera desde la altura de la terraza? ¡Verdaderamente, es una cosa de la que nunca en nuestra vida oímos hablar!"

Entretanto, el mensajero del rey llegó al palacio, y cuando subió a la terraza encontró allí un caballo y le pareció que jamás había visto otro igual en belleza; pero no bien se acercó a él y le hubo examinado, vio que era de madera de ébano y de marfil. Entonces, al darse cuenta de la cosa, se echaron a reír él y todos los que le acompañaban, y se decían unos a otros...

En este momento de su narración, Scheherazada vio aparecer la mañana y se calló discretamente.

PERO CUANDO LLEGÓ LA 422ª NOCHE...

Ella dijo:

...y se decían unos a otros: "¡Por Alá!, he aquí el caballo de que hablaba ese jovenzuelo, al que no debemos mirar en adelante más que como un loco. Sin embargo, veamos lo que puede haber de verdad en todo eso. ¡Porque después de todo, podría suceder que se tratase de un asunto más importante de lo que parece, y que ese joven procediese realmente de alta estirpe y gozara de excelentes méritos!" Así diciendo, cargaron entre todos con el caballo de madera, y transportándolo a cuestas, lo pusieron delante del rey, mientras toda la gente se agrupaba a su alrededor para mirarlo, maravillándose de su hermosura, de sus proporciones, de la riqueza de su silla y de sus arneses. Y también el rey se admiró mucho y se maravilló hasta el límite de la maravilla; luego preguntó a Kamaralakmar: "¡Oh joven!, ¿es ése tu caballo?" El príncipe contestó: "Sí, ¡oh rey! ¡Es mi caballo, y no tardarás en ver las cosas maravillosas que va a mostrarte!" Y le dijo el rey: "¡Tómale y móntate en él entonces!" El príncipe contestó: "¡No lo enseñaré, mientras no se alejen toda esa gente y esas tropas que se agrupan a su alrededor!"

Entonces el rey dio a todo el mundo orden de que se distanciaran de allí a un tiro de flecha. Y le dijo el joven príncipe: "Mírame bien, ¡oh rey! Voy a subir en mi caballo y a precipitarme a todo galope sobre tus tropas, dispersándolas a derecha y a izquierda, ¡e infundiré el espanto y el pavor en sus corazones!" Y contestó el rey: "Haz ahora lo que quieras, ¡y no tengas compasión de ellos, porque ellos no la tendrán de ti!"

Y Kamaralakmar apoyó ligeramente su mano en el cuello de su caballo, y de un salto se plantó en el lomo del bruto.

Por su parte, las tropas, ansiosas, habíanse alineado más lejos en filas apretadas y tumultuosas; y decíanse los guerreros unos a otros: "¡Cuando llegue a nuestras filas ese jovenzuelo le clavaremos la punta de nuestras picas y le recibiremos con el filo de nuestras cimitarras!" Pero decían otros: "¡Por Alá!, ¡hay que ser muy insensato para creer que vamos a vencer fácilmente a ese joven! Cuando se ha metido él en semejante aventura, sin duda es porque tiene la seguridad de salir airoso. ¡Aunque así no fuese, lo que hace nos da ya prueba de su valor y de la intrepidez de su alma y de su corazón!"

En cuanto a Kamaralakmar, una vez que se afirmó bien sobre la silla, hizo jugar la clavija que servía para subir, en tanto que se volvían hacia él todos los ojos para ver qué iba a hacer. Y al punto empezó su caballo a agitarse, a piafar; a balancearse, a inclinarse, a avanzar y retroceder, para comenzar luego con una elasticidad maravillosa, a caracolear, y andar de lado de la manera más elegante que caracolearon nunca los caballos mejor guiados de reyes y sultanes. Y de pronto se estremecieron y se hincharon de viento sus flancos, ¡y más rápido que una flecha disparada al aire, emprendió con su jinete el vuelo en línea recta por el cielo!

Al ver aquello, creyó el rey volverse loco de sorpresa y de furor, y gritó a los oficiales de sus guardias: "¡La desgracia sobre vosotros!, ¡cogedle!, ¡cogedle! ¡Que se nos escapa!" Pero le contestaron sus visires y lugartenientes: "¡Oh rey!, ¿puede el hombre alcanzar al pájaro que tiene alas? ¡Sin duda no se trata de un hombre como los demás, sino de un poderoso mago o de algún efrit o mared entre los efrits y mareds del aire! ¡Y Alá te ha librado de él, y a nosotros contigo! ¡Demos, pues, gracias al Altísimo que ha querido salvarte de entre sus manos y contigo a tu ejército!"

Emocionado hasta el límite de la perplejidad el rey regresó entonces a su palacio, y entrando en el aposento de su hija, la puso al contiente de lo que acababa de ocurrir en el meidán. Y al saber la noticia de la desaparición del joven príncipe, la joven se quedó afligida y desesperada, y lloró y se lamentó de manera tan dolorosa, que cayó gravemente enferma y la acostaron en su lecho, presa del calor de la fiebre y de la negrura de sus ideas. Y al verla en aquel estado, empezó su padre a abrazarla, a mecerla, a estrecharla contra su pecho, y a besarla entre los ojos repitiéndole lo que había visto en el meidán y diciéndole: "¡Hija mía, da más bien gracias a Alá —¡exaltado sea!— y glorifícale por habernos librado de las manos de ese insigne mago, de ese embustero, de ese seductor, de ese ladrón, de ese cerdo!" Pero en vano le hablaba y la mimaba para consolarla, porque ella no oía, ni escuchaba, sino al contrario. Cada vez sollozaba más, y lloraba y gemía, suspirando: "¡Por Alá, ya no quiero comer ni beber, hasta que Alá me reúna con mi enamorado encantador! ¡Y ya no quiero saber nada que no sea verter lágrimas y enterrarme en mi desesperación!" Entonces, al ver que no podía sacar a su hija de aquel estado de languidez y de aflicción, quedó el padre muy apenado, y se entristeció su corazón, y el mundo se ennegreció ante él. ¡Y esto en cuanto al rey y a su hija la princesa Shamsennahar...

En este momento de su narración, Scheherazada vio aparecerla mañana, y se calló discretamente.

PERO CUANDO LLEGÓ LA 423ª NOCHE...

Ella dijo:

¡...Y esto en cuanto al rey y su hija la princesa Schamsennahar!

¡Pero he aquí ahora lo relativo al príncipe Kamaralakmar! Cuando se elevó muy alto por los aires, hizo volver la cabeza a su caballo en dirección a su tierra natal, y puesto ya en el buen camino, se dedicó a soñar con la belleza de la princesa, con sus encantos y con los medios de que se valdría para volver a encontrarla. Y le parecía muy difícil la cosa, aunque tuvo cuidado de que ella le informara acerca del nombre de la ciudad de su padre. Así había sabido que aquella ciudad se llamaba Sana y era la capital del reino del Al-Yamán.

Mientras duró el viaje continuó él pensando en todo aquello, y merced a la gran rapidez de su caballo, acabó por llegar a la ciudad de su padre. Entonces hizo ejecutar a su caballo un círculo aéreo, por encima de la ciudad, y fue a echar pie a tierra en la terraza del palacio.

Dejó entonces a su caballo en la terraza y bajó al palacio, donde notó por todas partes un ambiente de duelo y vio regadas de cenizas todas las habitaciones, y creyendo que habría muerto alguien de su familia, entró, como tenía por costumbre, en los aposentos privados, y encontró a su padre, y a su madre y a sus hermanas, vestidas con trajes de luto, y muy amarillos de cara, y enflaquecidos, y demudados, y tristes, y desolados. Y he aquí que, cuando entró él, su padre se levantó de pronto al advertirle, y cierto ya de que aquel era verdaderamente su hijo, lanzó un gran grito y cayó desmayado; luego recobró el sentido y se arrojó en los brazos de su hijo, y le abrazó, y le estrechó contra su pecho con transportes de la más loca alegría, y emocionado hasta el límite de la emoción; y su madre y su hermana, llorando y sollozando se lo comían a besos a cual más, y bailaban y saltaban en medio de la dicha.

Cuando se calmaron un poco le interrogaron acerca de lo que había acaecido; y les contó él la cosa desde el principio hasta el fin; pero no hay para qué repetirla. Entonces exclamó su padre: "¡Loores a Alá por tu salvación!, ¡oh frescura de mis ojos y núcleo de mi corazón!" E hizo celebrar grandes fiestas populares y grandes regocijos durante siete días enteros, y repartió dádivas al son de pífanos y címbalos, e hizo adornar todas las calles y proclamar un indulto general para todos los presos, haciendo abrir de par en par las puertas de cárceles y calabozos. Luego, acompañado de su hijo, recorrió a caballo los diversos barrios de la ciudad, para dar a su pueblo la alegría de volver a ver al joven príncipe, a quien se creyó perdido para siempre.

Pero una vez terminadas las fiestas, Kamaralakmar dijo a su padre: "¡Oh padre mío!, ¿qué ha sido del persa que te dio el caballo?" Y contestó el rey: "¡Confunda Alá a ese sabio, y retire su bendición para él y para la hora en que mis ojos le vieron por primera vez, pues él fue causa de que te separaras de nosotros, oh hijo mío! ¡En este momento está encerrado en un calabozo, y es el único a quien no perdoné!" Pero como se lo suplicó su hijo, el rey le hizo salir de la prisión, y ordenándole que fuera a su presencia, le volvió a la gracia, y le dio un ropón de honor y le trató con gran liberalidad, concediéndole toda clase de honores y riquezas; pero no le mencionó siquiera a su hija ni pensó dársela en matrimonio. Así es que el sabio rabió hasta el límite de la rabia y se arrepintió mucho de la imprudencia que había cometido, dejando montar en el caballo al joven príncipe, ¡pues comprendió que se había descubierto el secreto del caballo, como también su manejo!

En cuanto al rey, que no estaba muy tranquilo todavía con respecto al caballo, dijo a su hijo: "¡Soy de opinión, hijo mío, de que no debes acercarte en adelante a ese caballo de mal agüero, y sobre todo de que nunca más le montes, ya que estás lejos de conocer las cosas misteriosas que puede contener aún, y no te hallas sobre él seguro!" Por su parte, Kamaralakmar contó a su padre su aventura con el rey de Sana y su hija, y cómo había escapado a la furia de este rey, y contestó su padre: "¡Si debiera matarte el rey de Sana, hijo mío, te hubiera matado; pero el Destino no habría fijado todavía tu hora!"

Durante este tiempo, a pesar de los regocijos y festines que su padre continuaba dando con motivo de su regreso, Kamaralakmar estaba lejos de olvidar a la princesa Schamsennahar, y lo mismo cuando comía que cuando bebía, pensaba siempre en ella. Y he aquí que un día, el rey, que tenía esclavas muy expertas en el arte del canto y en el de tocar el laúd, les ordenó que hicieran resonar las cuerdas de los instrumentos y cantaron algunos versos hermosos. Y tomó una de ellas su laúd, y apoyándoselo en las rodillas, cual podría una madre colocar en su regazo a su hijo, cantó, acompañándose, estos versos entre otros versos:

*¡Oh bienamado! ¡Tu recuerdo no se borrará de mi corazón
ni con la ausencia ni con la distancia!
¡Pueden pasar los días y morir el tiempo; pero jamás podrá
morir en mi corazón tu amor!
¡Con este amor quiero morir yo misma, y con este amor
resucitar!*

Cuando hubo oído el príncipe estos versos, en su corazón chispeó el fuego del deseo, redoblaron su calor las llamas de la pasión, las tristezas le llenaron de duelo el espíritu y el amor le trastornó las entrañas. Así es que, sin poder ya resistir a los sentimientos que le animaban con respecto a la princesa de Sana, se levantó en aquella hora y aquel instante, subió a la terraza del palacio, y a pesar del consejo de su padre, saltó a lomos del caballo de ébano y dio una vuelta a la clavija que servía para subir. Al punto se elevó por los aires, como un pájaro, el caballo con él, remontando su vuelo hacia las altas regiones del cielo.

Y he aquí, que al día siguiente por la mañana le buscó por el palacio su padre el rey, y como no le encontró, subió a la terraza y quedó consternado al notar la desaparición del caballo; y se mordió los dedos, arrepentido de no haber hecho trizas aquel caballo, y se dijo: "¡Por Alá, que si vuelve a regresar mi hijo, destruiré ese caballo para que pueda estar tranquilo mi corazón y no se alarme mi espíritu! Y bajó de nuevo a su palacio, donde estalló en llantos, sollozos y lamentaciones. ¡Y esto por lo que atañe a él!

En cuanto a Kamaralakmar, prosiguió su rápido viaje aéreo, y llegó a la ciudad de Sana. Echó pie a tierra en la terraza del palacio, bajó por la escalera sin hacer ruido y se dirigió hacia el aposento de la princesa. Allí encontróse al eunuco dormido, como de costumbre, delante de la puerta; pasó por encima de él, y cuando hubo penetrado en el interior de la estancia, llegó a la segunda puerta. Se acercó entonces muy sigilosamente a la cortina, y antes de levantarla escuchó con atención. Y he aquí que oyó a su bienamada sollozar amargamente y recitar versos quejumbrosos, mientras trataban de consolarla sus mujeres, y le decían: "¡Oh ama nuestra...!"

En este momento de su narración, Scheherazada vio aparecer la mañana, y se calló discretamente.

PERO CUANDO LLEGÓ LA 424ª NOCHE...

Ella dijo:

"... ¡Oh ama nuestra!, ¿por qué lloras a quien seguramente no te llora a ti?" Ella contestó: "¿Qué decís?, ¡oh faltas de juicio! ¿Acaso creéis que el encantador a quien amo y por quien lloro es de los que olvidan o de aquellos a quienes se puede olvidar?" Y redobló sus llantos y gemidos, y lo hizo tan fuerte tanto tiempo, que le dio un desmayo. Entonces el príncipe sintió que se le partía a causa de ello el corazón y que la vejiga de la hiel le estallaba en el hígado. Así es que levantó la cortina, sin tardanza, y penetró en la habitación. Y vio a la joven acostada en su lecho, con su cabellera por toda camisa y con su abanico de plumas blancas por toda sábana. Y como parecía amodorrada, se acercó a ella y le hizo una caricia muy dulcemente. Al punto abrió ella los oios y le vio de pie a su lado, inclinado con una actitud interrogante de ansiedad, y murmurando: "¿A qué vienen esas lágrimas y esos gemidos?" Al ver aquello, reanimada con una vida nueva, se irguió de pronto la joven, y arrojándose a él, le rodeó el cuello con sus brazos y empezó a cubrirle de besos el rostro, diciéndole: "¡Oh luz de mis oios! ¡Todo era por causa de tu amor y de tu ausencia!" El contestó: "¡Oh dueña mía!, ¡pues si supieras en qué desolación estuve yo sumido por causa tuya todo este tiempo!" Ella añadió: "¡Pues y yo!, ¡qué desolada por tu ausencia estuve también! ¡Si hubieras tardado algo más en volver, sin duda me habrías encontrado muerta!" El dijo: "¡Oh dueña mía!, ¿qué te parece lo que me ocurrió con tu padre y la manera que tuvo de tratarme? ¡Por Alá! Si no hubiera sido por tu amor, ¡oh seductora de la Tierra, del Sol y de la Luna, y tentadora de los habitantes del Cielo, de la Tierra y del Infierno!, le hubiera degollado seguramente, dando así ejemplo y enseñanza a todos los observadores. ¡Pero, como te amo, le amo a él también ahora!" Ella preguntó: "¿Qué te decidió a abandonarme? ¿Crees que la vida podría parecerme dulce sin ti?" El dijo: "Ya que me amas, ¿quieres escucharme y seguir mis consejos?" Ella contestó: "¡No tienes más que hablar, y te obedeceré y escucharé tus consejos y me conformaré con todas tus opiniones!" El dijo: "Empieza, entonces, por traerme de comer y de beber, porque tengo hambre y sed. ¡Y después hablaremos!"

Entonces dio orden la joven a sus servidoras de que llevaran manjares y bebidas; y se pusieron ambos a comer y a beber y a charlar hasta que casi hubo transcurrido toda la noche. Entonces, como comenzaba a apuntar el día, Kamaralakmar se levantó para despedirse de la joven y marcharse antes de que se despertara el eunuco; pero le preguntó Schamsennahar: "¿Y adónde vas a ir así?" El contestó: "¡A casa de mi padre! ¡Pero me comprometo bajo juramento a volver a verte una vez a la semana!" Al oír estas palabras, ella rompió en sollozos y exclamó: "¡Oh!, ¡te conjuro por Alá el Todopoderoso a que me cojas y me lleves contigo adonde quieras, antes que hacerme saborear de nuevo la amargura de la coloquíntida de la separación!" Y exclamó él, entusiasmado: "¿Quieres verdaderamente venir conmigo?" Ella contestó: "¡Sí!" El dijo: "¡Entonces, levántate y partamos!" De modo que se levantó ella, abrió un cofre lleno de vestidos suntuosos y de objetos de valor, y se arregló y se puso encima todo lo más rico y precioso que había entre las cosas hermosas de su pertenencia, sin olvidar collares, sortijas, brazaletes y diversas joyas engastadas con las más bellas pedrerías; luego salió en compañía de su bienamado, sin que ni por pienso lo impidieran sus servidoras.

Entonces la condujo Kamaralakmar, y tras de hacerla subir a la terraza del palacio, saltó a lomos de su caballo, la sentó a ella en la grupa, le recomendó que se sujetara con fuerza y la ató a él con cuerdas sólidas. Tras de lo cual dio vuelta a la clavija que servía para subir, y remontó el vuelo el caballo y se elevó con ellos por los aires.

Al ver aquello, empezaron a gritar tan alto las servidoras, que el rey y la reina acudieron a la terraza a medio vestir, mal despiertos aún, y sólo tuvieron tiempo para ver al caballo mágico emprender su vuelo aéreo con el príncipe y la princesa. Y el rey, emocionado y consternado hasta el límite de la consternación, tuvo alientos, no obstante, para gritar al joven, que cada vez se elevaba más: "¡Oh hijo de rey!, ¡te conjuro a que tengas compasión de mí y de mi esposa, que es esta anciana que aquí ves, y no nos prives de nuestra hija!" Pero no le contestó el príncipe. Sin embargo, por si acaso la joven sentía pena al dejar a su padre y a su madre, le preguntó: "Dime, ¡oh esplendor!, ¡oh entusiasmo de tu siglo y de mis ojos!, ¿quieres volver con tu padre y con tu madre...?"

En este momento de su narración, Scheherazada vio aparecer la mañana, y se calló discretamente.

PERO CUANDO LLEGÓ LA 425ª NOCHE...

Ella dijo:

"...¡oh esplendor!, ¡oh entusiasmo de tu siglo y de mis ojos!, ¿quieres volver con tu padre y con tu madre?" Ella contestó: "¡Oh mi dueño! ¡Por Alá que no es ése mi deseo! ¡Lo único que anhelo es estar contigo donde estés tú, porque el amor que por ti siento me hace despreciar todo y olvidarlo todo, incluso a mi padre y a mi madre!"

Al oír estas palabras, el príncipe se alegró hasta el límite de la alegría, e hizo volar a su caballo con la mayor rapidez posible, sin que inquietara semejante cosa a la joven; y no tardaron de aquel modo en llegar a la mitad del camino, a un paraje en que se extendía una magnífica pradera, regada por aguas corrientes, en la que echaron pie a tierra, por un instante. Comieron, bebieron y descansaron algo, para volver inmediatamente después a montar en su caballo mágico y a partir a toda velocidad con dirección a la capital del rey Sabur, a la vista de la cual llegaron una mañana. Y el príncipe se regocijó mucho por haber arribado sin accidentes, ¡y de antemano sintió un gran placer al pensar que por fin iba a poder mostrar a la princesa las propiedades y territorios que poseía en su mano, hacerle observar el poderío y la gloria de su padre el rey Sabur, probándole con ello cuánto más rico y más ilustre que el rey de Sana, padre de la joven, era el rey Sabur! Empezó, pues, por aterrizar en medio de un hermoso jardín, situado fuera de la ciudad, donde, su padre, el rey, tenía costumbre de ir para distraerse y respirar el aire libre; condujo a la joven al pabellón de verano, coronado por una cúpula que el rey había hecho construir y acondicionar para él mismo, y le dijo: "Voy a dejarte aquí un momento para ir a prevenir a mi padre de nuestra llegada. Mientras esperas, ten cuidado del caballo de ébano, que dejo a la puerta, y no le pierdas de vista. ¡Y enseguida te enviaré a un mensajero para que te saque de aquí y te conduzca al palacio especial que voy a hacer que preparen para ti sola". Y la joven quedó en extremo encantada con estas palabras, y comprendió, que, efectivamente, no debía entrar en la ciudad más que entre los honores y homenajes propios de su rango. Luego se despidió de ella el príncipe, y encaminóse al palacio de su padre el rey.

Cuando el rey Sabur vio llegar a su hijo, creyó morirse de alegría y de emoción, y después de los abrazos y bienvenidas, le reprochó, llorando, su marcha, que les puso en las puertas de la tumba a todos. Tras de lo cual le dijo Kamaralakmar: "¿A que no adivinas a quién traje de allí conmigo?" El rey contestó: "¡Por Alá, no lo adivino!" El joven dijo: "¡A la propia hija del rey de Sana, a la joven más perfecta de Persia y de Arabia! ¡La he dejado, por lo pronto, fuera de la ciudad, en nuestro jardín, y vengo a avisarte, para que hagas que dispongan al punto el cortejo que ha de ir a buscarla, y que deberá ser lo más espléndido posible, para darle de antemano una alta idea de tu poderío, de tu grandeza y de tus riquezas!" Y contestó el rey: "¡Con alegría y generosidad, por darte el gusto!" E inmediatamente dio orden de que adornaran la ciudad, y la embellecieran con el decorado más hermoso y los más hermosos ornamentos; y después de organizar un cortejo extraordinario, él mismo se puso a la cabeza de sus jinetes vestidos de gala, y a banderas desplegadas salió al encuentro de la princesa Schamsennahar, cruzando por todos los barrios de la ciudad entre la aglomeración de los habitantes, que se alineaban en varias filas, precedido por tañedores de pífanos, clarinetes, timbales y tambores, y seguido por la multitud inmensa de guardias, soldados, gente del pueblo, mujeres y niños.

Por su parte, el príncipe Kamaralakmar abrió sus cofres, sus arquillas y sus tesoros, y sacó de ellos lo más hermoso con que se atavía a los hijos de los reyes, para hacer ostentación de su fausto, sus riquezas y su esplendor; e hizo preparar para la joven un inmenso palio de brocados rojos, verdes y amarillos, debajo del cual se alzaba un trono de oro resplandeciente de pedrerías; y en las gradas del inmenso trono coronado por un pabellón de sedas doradas, hizo que se alinearan esclavas indias, griegas y abisinias, sentadas unas y de pie otras, mientras que a los cuatro lados del trono se mantenían cuatro esclavas blancas que hacían aire con grandes abanicos de plumas de aves de especie extraordinaria. Y dos negros desnudos hasta la cintura llevaron a hombros el estrado aquél en pos del cortejo, rodeados por una muchedumbre más densa aún que la anterior, y entre los gritos jubilosos de todo un pueblo y los lu-lu-lúes estridentes, que salían de las gargantas de las mujeres sentadas al pie del trono, y de todas las que se aglomeraban a su alrededor, emprendieron el camino de los jardines.

En cuanto a Kamaralakmar, no tuvo paciencia para acompañiar el cortejo al paso, y lanzando su caballo a la carrera, tomó por el atajo más corto y en algunos instantes llegó al pabellón donde había dejado a la princesa, hija del rey de Sana. Y la buscó por todas partes; pero ni encontró a la princesa ni al caballo de ébano.

Entonces, en el límite de la desesperación, Kamaralakmar se abofeteó con ira el rostro, rompió sus vestidos y echó a correr y a vagar como un loco por el jardín, gritando mucho y llamando con toda la fuerza de su garganta. ¡Pero fue en vano!

Al cabo de cierto tiempo, hubo de calmarse un poco y volviendo a la razón, se dijo: "¿Cómo ha podido dar con el secreto para el manejo del caballo de ébano, si no le revelé nada que con ello se relacionase? ¡Como no sea que el sabio constructor del caballo haya caído sobre ella de improviso, y se la haya llevado para vengarse del tratamiento que le infligió mi padre!" Y al punto corrió en busca de los guardias del jardín, y les preguntó...

En este momento de su narración, Scheherazada vio aparecer la mañana, y se calló discretamente.

PERO CUANDO LLEGÓ LA 426ª NOCHE...

Ella dijo:

...Y al punto corrió en busca de los guardas del jardín, y les preguntó: "¿Habéis visto pasar por aquí o cruzar el jardín a alguien? ¡Decidme la verdad, o haré saltar vuestras cabezas al instante!" Aterrados con sus amenazas quedaron los guardas, y contestaron como una sola voz: "¡Por Alá, que a nadie vimos entrar en el jardín, a no ser el sabio persa, que vino aquí para coger hierbas curativas, y a quien no vimos salir aún!" Al oír estas palabras, el príncipe tuvo ya la certeza de que era el sabio persa quien le arrebató a la joven, y llegó al límite de la consternación y de la perplejidad; y muy conmovido y desconcertado salió al paso del cortejo, y encarándose con su padre, le contó lo que había sucedido, y le dijo: "Vuelve a tu palacio con tus tropas; en cuanto a mí, ¡no volveré hasta que no haya aclarado este asunto negro!" Al oír estas palabras y enterarse de la determinación tomada por su hijo, el rey empezó a llorar, a lamentarse y a golpearse el pecho, y le dijo: "Por favor, ¡oh hijo mío!, calma tu cólera, reprime tu pena y vuelve a casa con nosotros. ¡Y escogerás entonces a la hija del rey o del sultán que quieras, y te la daré en matrimonio!" Pero Kamaralakmar no se avino a prestar la menor atención a las palabras de su padre, ni a escuchar sus ruegos, le dijo algunas frases de despedida y se marchó montado en un caballo, mientras el rey, en el límite de la desesperación, regresaba a la ciudad con llantos y gemidos. Y así fue como su alegría se tornó en tristezas, en sobresaltos y en tormentos. ¡Y esto en cuanto a ellos!

¡Pero he aquí ahora lo que aconteció al mago y a la princesa!

Como lo había decretado de antemano el Destino, el mago persa fue aquel día al jardín para coger, efectivamente, hierbas curativas y simples y plantas aromáticas, y sintió un olor delicioso de almizcle y otros perfumes admirables; así es que, venteando con la nariz, se encaminó hacia el lado por donde llegaba hasta él aquel olor extraordinario. Y aquel olor era, precisamente, el que despedía la princesa, embalsamando con él todo el jardín. De modo que, guiado por su olfato perspicaz, no tardó el mago, tras algunos tanteos, en llegar al propio pabellón en que se encontraba la princesa. ¡Y cuál no sería su alegría al ver desde el umbral, de pie sobre las cuatro patas, el caballo mágico, obra de sus manos! ¡Y, cuáles no serían los estremecimientos de su corazón, al ver aquel objeto cuya pérdida le había quitado la gana de comer y de beber y el reposo y el sueño! Se puso entonces a examinarlo por todas partes y lo encontró intacto y en buen estado. Luego, cuando se disponía a saltar encima y hacerlo volar, dijo para sí: "¡Antes conviene que vea qué ha podido traer en el caballo y dejar aquí el príncipe!" Y entró en el pabellón. Entonces vio perezosamente tendida en el diván a la princesa, a quien tomó primero por el sol cuando sale en un cielo tranquilo. Y ni por un instante dudó ya de que tenía ante sus ojos a alguna dama de ilustre nacimiento, y de que el príncipe la había llevado en el caballo y la dejó en aquel pabellón, para ir a la ciudad él mismo a preparar un cortejo espléndido. Así es que, por su parte, se adelantó el sabio, se prosternó delante de ella y besó la tierra entre sus manos, a tiempo que la joven levantaba a él los ojos, y encontrándole extraordinariamente horrible y repulsivo, se apresuró a volver a cerrarlos para no verle, y le preguntó: "¿Quién eres?" El sabio contestó: "¡Oh mi dueña!, soy el mensajero que te envía el príncipe Kamaralakmar, para que te conduzca a otro pabellón más hermoso que éste y más próximo a la ciudad; porque hoy está un poco indispuesta mi ama la reina, madre del príncipe, y como no quiere, sin embargo, que se le adelante nadie a verte, pues tu llegada ha producido mucho júbilo, ha dispuesto este pequeño cambio que le ahorrará una caminata prolongada". La joven preguntó: "¿Pero dónde está el príncipe?" El persa contestó: "¡Está en la ciudad con el rey, y pronto vendrá a tu encuentro con gran aparato y en medio de un cortejo espléndido!" Ella dijo: "Pero dime, ¿es que no ha podido el príncipe encontrar otro mensajero un poco menos repulsivo que tú para enviarme?" Al oír estas palabras, aunque le mortificaron mucho, el mago se echó a reír con el mandil arrugado de su cara amarilla, y contestó: "¡Por Alá, oh mi dueña! ¡Ciertamente, que no hay en el palacio otro mameluco tan repulsivo como yo! ¡Pero acaso la mala apariencia de mi fisonomía y la abominable fealdad de mi cara te induzcan a error con respecto a mi valer! ¡Y ojalá puedas un día comprobar mi capacidad y aprovecharte, como el príncipe, del don precioso que poseo! ¡Y al saber entonces cómo soy, me alabarás! ¡En cuanto al príncipe, si me escogió para que viniera a tu lado, lo ha hecho precisamente a causa de mi fealdad y de mi odiosa fisonomía, y con el fin de que sus celos no tengan nada que temer con tus encantos y tu belleza! ¡Y no son mamelucos, ni esclavos jóvenes, ni hermosos negros, ni eunucos, ni servidores, lo que faltan en palacio! ¡Gracias a Alá, su número es incalculable, y son todos a cual más seductores...!

En este momento de su narración, Scheherazada vio aparecer la mañana y se calló discretamente.

PERO CUANDO LLEGÓ LA 427ª NOCHE...

Ella dijo:

...y son todos a cual más seductores!" Y he aquí que estas palabras del mago tuvieron el poder de persuadir a la joven, que se levantó al punto, puso su mano en la mano del viejo sabio, y le dijo: "¡Oh padre mío!, ¿qué cabalgadura me trajiste contigo para que la monte?" El persa contestó: "¡Oh mi dueña, montarás en el caballo en que viniste!" Ella dijo: "¡Pero si yo no sé montar ahí sola!" Entonces sonrió él y comprendió que la tendría a merced suya en adelante y contestó: "¡Yo mismo montaré contigo!" Y saltó a su caballo, y sentó en la grupa a la joven, sujetándola contra él y atándola sólidamente con cuerdas, en tanto que la princesa estaba muy ajena de lo que con ella iba a hacer. Dio vueltas entonces él a la clavija, que servía para subir, y de súbito el caballo llenó de viento su vientre, se movió y se agitó, saltando como las olas del mar; remontó el vuelo, elevándose por los aires cual un pájaro, y en un instante dejó trás de sí, en la lejanía, la ciudad y los jardines.

Al ver aquello, exclamó la joven, muy sorprendida: "¡Oye!, ¿adónde vas sin ejecutar las órdenes de tu amo?" El sabio contestó: "¡Mi amo! ¿Y quién es mi amo?" Ella dijo: "¡El hijo del rey!" El sabio preguntó: "¿Qué rey?" Ella dijo: "¡No sé cual!" Al oír estas palabras se echó a reír el mago, y dijo: "Si te refieres al joven Kamaralakmar, ¡confunda Alá a ese bribón estúpido, que en suma no es más que un pobre muchacho!" Ella exclamó: "La desgracia sobre ti, ¡oh barba de mal agüero! ¿Cómo te atreves a hablar así de tu amo y a desobedecerle?" El mago contestó: "¡Te repito que ese jovenzuelo no es mi amo! ¿Sabes quién soy?" La princesa dijo: "¡No sé de ti más que lo que tú mismo me has contado!" El sabio sonrió y dijo: "¡Lo que te conté sólo era una estratagema ideada por mí en contra tuya y del hijo del rey! Porque has de saber, que ese canalla logró robarme este caballo en que estás ahora, y que es obra de mis manos; y me quemó durante mucho tiempo el corazón haciéndome llorar tal pérdida. ¡Pero he aquí que de nuevo soy dueño de lo mío, y a mi vez quemo el corazón a ese ladrón y hago que sus ojos lloren por haberte perdido! Reanima, pues, tu alma, y seca y refresca tus ojos, porque seré para ti yo más provechoso que ese joven alocado. Además soy generoso y poderoso y rico; mis servidores y mis esclavos te obedecerán como a su ama, te vestiré con los más hermosos vestidos y te engalanaré con las galas más hermosas, ¡y realizaré el menor de tus deseos antes de que me lo indiques!"

Al oír estas palabras, la joven se golpeó el rostro y empezó a sollozar; luego dijo:

"¡Ah, qué desgracia la mía! ¡Ay! ¡Acabo de perder a mi bienamado, y antes perdí a mi padre y a mi madre!" Y siguió vertiendo lágrimas muy amargas y muy abundantes por lo que le sucedía, en tanto que el mago guiaba el vuelo de su caballo hacia el país de los rumíes, y después de un largo aunque veloz viaje, aterrizó sobre una verde pradera rica en árboles y en aguas corrientes.

Pero aquella pradera estaba situada cerca de una ciudad, donde reinaba un rey muy poderoso. Y, precisamente, aquel día salió de la ciudad el rey para tomar el aire, y encaminó su paseo por el lado de la pradera. Y divisó al sabio junto al caballo y la joven. Y antes de que el mago tuviese tiempo de evadirse, los esclavos del rey habíanse precipitado sobre él, la joven y el caballo y los habían llevado entre las manos del rey.

Cuando vio el rey la terrible fealdad del viejo y su horrible fisonomía, y la belleza de la joven y sus encantos arrebatadores, dijo: "¡Oh mi dueña!, ¿qué parentesco te une a este viejo tan horroroso?" Pero el persa se apresuró a responder: "¡Es mi esposa y la hija de mi tío!" Entonces, a su vez se apresuró la joven a contestar, desmintiendo al viejo: "¡Oh rey!, ¡por Alá, que no conozco a este adefesio! ¡Qué ha de ser mi esposo! ¡No es sino un pérfido hechicero que me ha raptado a la fuerza y con astucias!"

Al oír estas palabras de la joven, el rey de los rumíes dio orden a sus esclavos de que apalearan al mago; y tan a conciencia lo hicieron, que estuvo a punto de expirar bajo los golpes. Tras de lo cual mandó el rey que se lo llevaran a la ciudad y le arrojaran en un calabozo, mientras él mismo conducía a la joven y hacía transportar el caballo mágico, cuyas virtudes y manejo secreto estaba muy lejos de suponer. ¡Y he aquí lo referente al mago y a la princesa!

En cuanto al príncipe Kamaralakmar, se vistió de viaje, tomó consigo los víveres y el dinero de que tenía necesidad, y emprendió el camino, con el corazón muy triste y el espíritu en muy mal estado. Y se puso en busca de la princesa, viajando de país en país y de ciudad en ciudad; y en todas partes pedía noticias del caballo de ébano, y aquellos a quienes interrogaba se asombraban en extremo de su lenguaje, y encontraban sus preguntas de lo más extrañas y extravagantes.

En este momento de su narración, Scheherazada vio aparecer la mañana, y se calló discretamente.

PERO CUANDO LLEGÓ LA 428ª NOCHE...

Ella dijo:

...y encontraban sus preguntas de lo más extrañas y extravagantes. Y así continuó mucho tiempo, haciendo pesquisas más activas cada vez y pidiendo cada vez más datos, sin llegar a saber ninguna noticia que le orientase. Tras de lo cual acabó por llegar a la ciudad de Sana, donde reinaba el padre de Schamsennahar, y pidió informes al llegar; pero nadie había oído nada relacionado con la joven, ni pudieron decirle lo que fue de ella, desde su rapto; y le enteraron del estado de aniquilamiento y desesperación en que se hallaba sumido el viejo rey. Entonces continuó su ruta y se encaminó al país de los rumíes, inquiriendo siempre nuevas de la princesa y del caballo de ébano, en todos los sitios por donde pasaba y en todas las etapas del viaje.

Y he aquí que en su caminata se detuvo cierto día en un khan donde vio a un grupo de mercaderes sentados en corro y charlando entre sí; y se sentó a su lado y oyó que decía uno de ellos: "¡Oh amigos míos!, ¡acaba de sucederme muy recientemente la cosa más prodigiosa entre las cosas prodigiosas!" Y todos le preguntaron: "¿De qué se trata?" El mercader aquel dijo: "Había ido yo con mis mercancías a la ciudad *tal* —y dijo el nombre de la ciudad donde se hallaba la princesa—, en la provincia de *cual,* y oi que los habitantes se contaban unos a otros una cosa muy extraña que acababa de suceder. ¡Decían que, habiendo salido un día de cacería con su séquito el rey de la ciudad, se había encontrado a un viejo muy repulsivo que estaba de pie junto a una joven de belleza incomparable y junto a un caballo de ébano y marfil!" Y el mercader contó a sus compañeros, que se maravillaron extremadamente, la historia consabida, que no tiene ninguna utilidad repetir ahora.

Cuando Kamaralakmar hubo oído esta historia, no dudó ni por un instante de que se trataba de su bienamada y del caballo mágico. Así es que, tras de informarse bien del nombre y situación de la ciudad, se puso en camino enseguida, dirigiéndose hacia aquel lado, y viajó sin dilación hasta que llegó allá. Pero cuando quiso franquear las puertas de la ciudad aquella, los guardias se apoderaron de él, para conducirle a presencia de su rey, según los usos en vigor dentro de aquel país, a fin de interrogarle por su condición, por la causa de su ida al país y por su oficio. Y he aquí que ya era muy tarde el día en que llegó el príncipe; y como sabían que el rey estaba muy ocupado, los guardias dejaron para el día siguiente la presentación del joven , y lo llevaron a la cárcel para que pasase allí la noche. Pero cuando los carceleros vieron la belleza y gentileza del joven, no pudieron determinarse a encerrarle, y le rogaron que se sentara con ellos y les hiciese compañía; y le invitaron a compartir con ellos su comida. Luego, cuando hubieron comido, se pusieron a charlar y preguntaron al príncipe: "¡Oh jovenzuelo!, ¿de qué país eres?" El príncipe contestó: "¡Del país de Persia, tierra de los Khosroes!" Al oír estas palabras se echaron a reír los carceleros, y uno de ellos dijo al joven: "¡Oh natural del pais de los Khosroes!, ¿acaso eres un embustero tan prodigioso como ese compatriota tuyo que está encerrado en nuestros calabozos?" Y dijo otro: "¡En verdad que conocí gentes y escuché sus discursos e historias, y observé su manera de ser, pero nunca tropecé con nadie tan extravagante como ese viejo loco que tenemos encerrado!" Y añadió otro: "¡Y jamás, por Alá, vi yo nada tan repulsivo como su cara ni tan feo y odioso como su fisonomía!" El príncipe preguntó: "¿Y qué sabéis de sus mentiras?" Le contestaron: "¡Dice que es un sabio e ilustre médico! El rey se encontró con él en una partida de caza, y el viejo iba en compañía de una joven y de un caballo maravilloso de ébano y marfil. Y prendóse el rey en extremo de la belleza de la joven, y quiso casarse con ella, ¡pero ella se volvió loca de pronto! Así, pues, si ese viejo sabio fuera un ilustre médico, como pretende, hubiera hallado modo de curarla; porque el rey ha hecho todo lo posible para descubrir un remedio que cure la enfermedad de esa joven, y ya hace un año que a tal fin derrocha inmensas riquezas, en pagar a médicos y astrólogos, ¡aunque sin resultado! En cuanto al caballo de ébano, está guardado con los tesoros del rey; y el viejo asqueroso está encerrado aquí; y en toda la noche no deja de gemir y lamentarse, ¡hasta el punto de que nos impide conciliar el sueño!"

Al oír estas palabras, se dijo Kamaralakmar: "Heme aquí, por fin, sobre la pista tan deseada. ¡Ahora necesito un medio de conseguir mis propósitos!" Pero al ver que se acercaba la hora de dormir, no tardaron los carceleros en conducirle al interior de la prisión, y cerrar tras él la puerta. Entonces oyó el joven al sabio, que lloraba y gemía y deploraba en lengua persa su desdicha, diciendo: "¡Ay!, ¡en qué calamidad caí, por no haber sabido combinar mejor mi plan, perdiéndome yo mismo sin haber realizado mis anhelos ni satisfecho mi deseo en esa joven! ¡Todo esto me sucede por culpa de mi poco juicio y por ambicionar lo que no estaba destinado para mí!" Entonces Kamaralakmar se dirigió en persa, y le dijo: "¿Hasta cuándo van a durar esos llantos y esas lamentaciones? ¿Acaso crees ser el único que ha sufrido desventuras?" Y animado por estas palabras, el sabio se puso en conversación con él, ¡y empezó a quejársele de sus penas e infortunios, sin conocerle! Y así pasaron la noche, hablando como dos amigos.

Al día siguiente por la mañana, los carceleros fueron a sacar de la prisión a Kamaralakmar, y le llevaron a presencia del rey diciendo: "¡Este joven...! "

En este momento de su narración, Scheherazada vio aparecer la mañana, y se calló discretamente.

PERO CUANDO LLEGÓ LA 429ª NOCHE...

Ella dijo:

...y le llevaron a presencia del rey, diciendo: "¡Este joven llegó ayer por la noche muy tarde, y no pudimos traerle a tu presencia antes, para que sea sometido a interrogatorio!" Entonces le preguntó el rey: "¿De dónde vienes? ¿Cómo te llamas? ¿Cuál es tu profesión? ¿Y a qué obedece tu venida a nuestra ciudad?" El príncipe contestó: "¡Respecto a mi nombre, me llamo en persa Harjah! ¡En cuanto a mi país, es Persia! Y por lo que afecta a mi oficio, soy un sabio entre los sabios, especialmente versado en la medicina y en el arte de curar a los locos y alienados. ¡Y con tal objeto recorro comarcas y ciudades para ejercer mi arte y adquirir nuevos conocimientos que añadir a los que poseo ya! Y hago todo esto sin ataviarme, como por lo general lo hacen los astrólogos y los sabios; no ensancho mi turbante ni aumento el número de sus vueltas, no me alargo las mangas, no llevo bajo el brazo un gran paquete de libros, no me ennegrezco los párpados con *khol* negro, no me cuelgo al cuello un inmenso rosario con millares de cuentas grandes, y curo a mis enfermos sin musitar palabras en un lenguaje misterioso, sin soplarles en la cara y sin morderles el lóbulo de la oreja. ¡Y tal es, oh rey, mi profesión!"

Cuando el rey hubo oído estas palabras, se regocijó con una alegría considerable, y le dijo: "¡Oh excelentísimo médico, llegas a nosotros en el momento en que más necesidad tenemos de tus servicios!" Y le contó el caso de la joven, y añadió: "¡Si quieres ponerla en tratamiento y la curas de la locura en que la sumieron gentes perversas, no tienes más que pedir lo que desees y te será concedido!" El príncipe contestó: "¡Conceda Alá sus gracias y favores a nuestro amo el rey! ¡Pero ante todo es preciso que me cuentes detalladamente cuanto hayas notado en su locura, y me digas los días que hace que se encuentra en tal estado, sin olvidarte de contarme cómo la trataste a ella, al viejo persa y al caballo de ébano! Y el rey le contó toda la historia desde el principio hasta el fin, y añadió: "¡En cuanto al viejo, está en el calabozo!" El príncipe preguntó: "¿Y el caballo?" El rey contestó: "¡Lo tengo cuidadosamente guardado en uno de los pabellones de mi morada!" Y Kamaralakmar dijo para sí: "Antes de nada, me conviene ver el caballo, y asegurarme por mis propios ojos del estado en que se halla. Si está intacto y en buen estado, todo irá bien y conseguiré mi propósito; pero si se ha deteriorado su mecanismo, tendré que pensar en libertar de otra manera a mi bienamada". Entonces se encaró con el rey y le dijo: "¡Oh rey!, primeramente es necesario que vea yo al caballo, pues quizá examinándole encuentre algo que me sirva para curar a la joven". Y el rey contestó: "¡Con mucho gusto y de buena gana!" Y le cogió de la mano, y le condujo al recinto donde se hallaba el caballo de ébano. Y el príncipe empezó a dar vueltas alrededor del caballo, le examinó atentamente, y encontrándolo intacto y en buen estado, se alegró mucho, y dijo al rey: "¡Alá favorezca y exalte al rey! ¡Heme aquí dispuesto a ir en busca de la joven para ver lo que tiene! ¡Y espero llegar a curarla con la ayuda de Alá y valiéndome de este caballo de madera!"

Y mandó a los guardias que vigilasen bien el caballo, y se dirigió con el rey al aposento de la princesa.

En cuanto penetró en la estancia donde estaba ella, la vio que se retorcía las manos, y se golpeaba el pecho y se arrojaba al suelo revolcándose, y hacía jirones sus vestidos, como tenía por costumbre. Y comprendió que no se trataba más que de una locura simulada, sin que ni genn ni hombres le hubiesen trastornado la razón, sino al contrario. ¡Y advirtió que no hacía todo aquello más que con el fin de impedir cualquier asechanza!

Al darse cuenta, Kamaralakmar se adelantó hacia ella, y le dijo: "¡Oh encantadora de los Tres Mundos, lejos de ti penas y tormentos!" Y cuando le hubo mirado, reconocióle ella enseguida, y llegó a una alegría tan enorme, que lanzó un grito y cayó sin conocimiento. Y el rey no dudó de que aquella crisis era efecto del temor que le inspiraba el médico.

Pero Kamaralakmar se inclinó sobre ella, y tras de reanimarla, le dijo en voz baja: "¡Oh Schansennahar!, ¡oh pupila de mis ojos, núcleo de mi corazón!, cuida de tu vida y de mi vida, y ten valor y un poco de paciencia aún; porque nuestra situación reclama gran prudencia y precauciones infinitas, si queremos evadirnos de las manos de ese rey tiránico. Por lo pronto, voy a afirmarle en su idea con respecto a ti, diciéndole que estabas poseída por los genn, y que a eso obedecía tu locura; pero le aseguraré que acabo de curarte en el instante por medio de medicinas misteriosas que poseo. ¡Tú no tienes más que hablarle con calma y amenidad, para probarle así tu curación con mi ciencia! ¡Y de este modo lograremos nuestros deseos y podremos realizar nuestro plan!" Y contestó la joven: "¡Escucho y obedezco!"

Entonces Kamaralakmar se acercó al rey, que se mantenía en un extremo de la estancia, y con un semblante de buen augurio le dijo: "¡Oh rey afortunado!, merced a tu buena suerte, he podido conocer la enfermedad y dar con el remedio de la dolencia. ¡Y la he curado! Puedes, pues, acercarte a ella y hablarle dulcemente y con bondad, y prometerle lo que tienes que prometerle, ¡y se cumplirá cuanto desees de ella!" Y en el límite de la maravilla, acercóse el rey a la joven, que se levantó al punto y besó la tierra entre sus manos, dándole luego la bienvenida, y le dijo: "¡Tu servidora está confundida por el honor que le haces visitándola hoy!" Y al oír y ver todo aquello, el rey estuvo a punto de volverse loco de alegría...

En este momento de su narración, Scheherazada vio aparecer la mañana, y se calló discretamente.

PERO CUANDO LLEGÓ LA 430ª NOCHE...

Ella dijo:

...estuvo a punto de volverse loco de alegría, y dio orden a las servidoras, a las esclavas y a los eunucos para que se pusieran al servicio de la joven, la condujeran al hammam y le prepararan trajes y atavíos. Y entraron las mujeres y las esclavas, y le hicieron zalemas; y les devolvió ella las zalemas de la manera más amable y con el más dulce tono de voz. Entonces la vistieron con vestiduras rojas, le rodearon el cuello con un collar de pedrerías y la condujeron al hammam, donde la bañaron y la arreglaron para llevarla a su aposento luego, igual que la luna en su décimo cuarto día. ¡Esto fue todo!

De modo que el rey, con el pecho dilatado en extremo y satisfecha el alma, dijo al joven prmcipe: "¡Oh prudente!, ¡oh sabio médico!, ¡oh tú el dotado de filosofía! ¡Toda esta dicha que nos llega ahora se la debemos a tus méritos y a tu bendición! ¡Aumente Alá en nosotros los beneficios de tu soplo curativo!" El joven contestó: "¡Oh rey, para dar cima a la curación, es preciso que con todo tu séquito, tus guardias y tus tropas vayas al paraje donde encontraste a la joven, llevándola contigo y haciendo transportar allí el caballo de ébano que estaba al lado suyo, y que no es otra cosa que un genni demoníaco; y él es precisamente el que la poseía y la había vuelto loca. Y allí haré entonces los exorcismos necesarios, sin lo cual tornaría ese genni a poseerla a primeros de cada mes, y no habríamos conseguido nada; ¡mientras que ahora, en cuanto me haya adueñado de él, le acorralaré y le mataré!" Y exclamó el rey de los rumíes: "¡De todo corazón y como homenaje debido!" Y acompañado por el príncipe y la joven y seguido de todas sus tropas, el rey emprendió inmediatamente el camino de la pradera consabida.

Cuando llegaron allá, Kamaralakmar dio orden de que montaran a la joven en el caballo de ébano y se mantuvieran todos a bastante distancia, con objeto de que ni el rey ni sus tropas pudiesen fijarse bien en sus manejos. Y se ejecutó la orden al instante. Entonces dijo él al rey de los rumíes: "¡Ahora, con tu permiso y tu venia, voy a proceder a las fumigaciones y a los conjuros, apoderándome de ese enemigo del género humano, para que no pueda ser dañoso en adelante! Tras de lo cual también yo me montaré en ese caballo de madera que parece de ébano, y pondré detrás de mí a la joven. Y verás entonces cómo se agita el caballo en todos los sentidos, vacilando hasta decidirse a echar a correr para detenerse entre tus manos. Y de este modo te convencerás de que le tenemos por completo a nuestro albedrío. ¡Después podrás ya hacer con la joven cuanto quieras!"

Cuando el rey de los rumíes oyó estas palabras, se regocijó, en tanto que Kamaralakmar subía al caballo, y sujetaba fuertemente detrás de sí a la joven. Y mientras todos los ojos estaban fijos en él y le miraban maniobrar, dio vuelta a la clavija que servía para subir; y el caballo, emprendiendo el vuelo, se elevó con ellos en línea recta, desapareciendo por los aires en la altura.

El rey de los rumíes, que estaba lejos de sospechar la verdad, continuó en la pradera con sus tropas, esperando durante medio día a que regresaran. Pero como no les veía volver, acabó por decidirse a esperarles en su palacio. Y su espera fue igualmente vana. Entonces pensó en el horrible viejo, que estaba encerrado en el calabozo, y haciéndole ir a su presencia, le dijo: "¡Oh viejo traidor!, ¡oh posaderas de mono!, ¿cómo te atreviste a ocultarme el misterio de ese caballo hechizado y poseído por los genn demoníacos? He aquí que acaba de llevarse por los aires ahora al médico que ha curado de su locura a la joven, y hasta a la propia joven. ¡Y quién sabe lo que les ocurrirá! ¡Además, te hago responsable por la pérdida de todas las alhajas y cosas preciosas con que hice que la ataviaran a ella al salir del hammam, y que valen un tesoro! ¡Así, pues, al instante va a saltar de tu cuerpo tu cabeza!" Y a una señal del rey, se adelantó el portaalfanje, ¡y de un solo tajo hizo del persa dos persas! ¡Y he aquí lo concerniente a todos éstos!

Pero en cuanto al príncipe Kamaralakmar y la princesa Schamsennahar, prosiguieron tranquilamente su veloz viaje aéreo, y llegaron con toda seguridad a la capital del rey Sabur.

Aquella vez no aterrizaron ya en el pabellón del jardín, sino en la misma terraza del palacio. Y el príncipe se apresuró a dejar en sitio seguro a su bienamada, para ir cuanto antes a avisar a su padre y a su madre de su llegada. Entró, pues, en el aposento donde se hallaban el rey, la reina y sus hermanas las tres princesas, sumidos en lágrimas y desesperación, y les deseó la paz y les abrazó, mientras ellos, al verle, sentían que se les llenaba de felicidad el alma y se les aligeraba el corazón del peso de aflicciones y tormentos.

Entonces, para conmemorar aquel regreso y la llegada de la princesa hija del rey de Sana, el rey Sabur dio a los habitantes de la ciudad grandes festines y festejos, que duraron un mes entero.

Y Kamaralakmar entró en la cámara nupcial y se regocijó con la joven en el transcurso de largas noches benditas.

Tras de lo cual, para estar en lo sucesivo con el espíritu tranquilo, el rey Sabur mandó hacer añicos el caballo de ébano y él mismo destruyó su mecanismo.

Por su parte, Kamaralakmar escribió al rey de Sana, padre de su esposa, una carta...

En este momento de su narración, Scheherazada vio aparecer la mañana, y se calló discretamente.

PERO CUANDO LLEGÓ LA 432ª NOCHE...

Ella dijo:

...Por su parte, Kamaralakmar escribió al rey de Sana, padre de su esposa, una carta, en la que le ponía al corriente de toda su historia, anunciándole su matrimonio y la completa dicha en que vivían ambos. Y envió esta carta con un mensajero, acompañado por criados, que llevaban presentes magníficos y cosas raras de gran valor. Y llegó el mensajero a Sana, en el Yamán, y entregó la carta y los regalos al padre de la princesa, que cuando leyó la carta se alegró hasta el límite de la alegría y aceptó los obsequios. Tras de lo cual preparó a su vez presentes muy ricos para su yerno, el hijo del rey Sabur, y se los envió con el mensajero.

Al recibir los presentes del padre de su esposa, el hermoso príncipe Kamaralakmar se regocijó extremadamente, porque le era penoso saber que el viejo rey de Sana estaba descontento de la conducta de ambos. Y hasta tomó la costumbre de mandarle cada año una nueva carta y nuevos presentes. Y continuó obrando así hasta la muerte del rey de Sana. Luego, cuando su propio padre, el rey Sabur, murió a su vez, le sucedió en el trono del reino, y comenzó su reinado, casando a su hermana más joven, a la que tanto quería, con el rey del Yamán. Después de lo cual gobernó a su reino con sabiduría y a sus súbditos con equidad; y de tal manera adquirió en todas las comarcas supremacía y la fidelidad de corazón de todos los habitantes. Y continuaron su esposa y él viviendo la vida más deliciosa, la más dulce, la más serena y la más tranquila, ¡hasta que fue a verles la Destructora de delicias, la Separadora de sociedades y de amigos, la Saqueadora de palacios y cabañas, la Constructora de tumbas y la Proveedora de los cementerios!

Y ahora, ¡gloria al único Viviente que no muere nunca y tiene en sus manos la dominación de los Mundos y el imperio de lo Visible y de lo Invisible!

Y cuando hubo terminado así esta historia, se calló Scheherazada, la hija del visir. Entonces le dijo el rey Schahriar: "¡Prodigiosa es esa historia, Scheherazada! ¡Y en verdad que quisiera saber el mecanismo extraordinario de aquel caballo de ébano!" Scheherazada dijo: "¡Ay, se destruyó!" Y dijo Schahriar: "¡Por Alá, que he torturado mucho mi espíritu tratando de averiguarlo!" Scheherazada contestó: "Entonces, ¡oh rey afortunado!, para que descanse tu espíritu estoy dispuesta, si tú me lo permites, a contarte la historia más dilatadora que conozco, aquella que trata de Dalila la Taimada y de su hija Zeinab la Embustera!" Y el rey Schahriar exclamó: "¡Por Alá, puedes hablar! ¡Porque no conozco esa historia! ¡Después ya pensaré lo que debo hacer con tu cabeza!"